万川
reflections

一步万里阔

Savages and Beasts

野人与野兽

现代动物园的诞生

The Birth of the Modern Zoo

[美] 奈杰尔·罗斯福斯——著
向帮友——译

Nigel Rothfels

中国工人出版社

谨以此书献给我的父母

目录

引　言　走进动物园　001
第一章　历史上的动物园　018
第二章　捕猎动物　059
第三章　“绝妙的动物”：展示人类　113
第四章　乐园　191
尾　声　如果动物会说话　254
致　谢　278

引　言　走进动物园

1908 年，德国动物学家亚历山大·索科洛夫斯基（Alexander Sokolowsky）出版了《猩猩心理观察》（*Observations on the psyche of the great apes*）一书。在这本小书里，他尝试描述大猩猩、黑猩猩和红毛猩猩的心理、智力和情感。他坚信不同的类人猿物种具有迥别的心理特质，热衷于解释为何大猩猩在抵达欧洲后没多久就死去。他注意到，大猩猩“完全不会跟周围环境进行互动”，于是宣称“人们会注意到，大猩猩无法承受失去自由所带来的痛苦”。[1] 索科洛夫斯基写道：“它们静静地蹲在兽窝里，不跟任何人打交道，最多只是玩玩麦秆上的叶片。它们的精神越发忧郁，为了不被发现，它们甚至会用手遮住眼睛，不让参观者看见它们。”[2] 最后，大猩猩会死去，通常脸朝下。在索科洛夫斯基看来，大猩猩被关押后无一例外地死亡，原因显而易见。他认为“从大猩猩的所有行为来看，很明显，精神上受影响会损害健康”，坚称“大猩猩若是完全自由地拥有生命能量，就足以克服寄生虫带来的危险”。

他得出结论："在被囚禁期间，这种能量被打乱，大猩猩向命运屈服，拒绝进食、日渐消瘦。"[3]最后，大猩猩会因悲伤过度死去，由于意识到自身的悲惨命运，死亡时甚至带着忧郁。[4]

索科洛夫斯基对灵长类动物心理的研究指向了一个更大的问题：西方文化历来是怎样理解异域动物的生命的？索科洛夫斯基于20世纪的头10年在欧洲研究大猩猩，他看见的是可怜、孤僻的大猩猩，似乎还能看见某种沉思，或者看见他所谓的"哲学性"。他认为跟其他猿相比，大猩猩"思考更加缓慢、镇定和清晰"，因此得出结论："我认为大猩猩具备更高的精神或智力天赋，因为归根结底，谨慎的行动和深层思考要比迅速但短暂且浮躁的行动更有利于高层次发展。"[5]索科洛夫斯基的多愁善感，他对智力与孤独感进行的浪漫联想，以及对人类鲁莽行径的担忧，意味着他的研究离不开特定历史背景。

的确，只要将他对大猩猩的描述跟其他人的描述作对比，就能看出该研究的独特之处。例如，在对大猩猩的早期记载中，保罗·迪谢吕（Paul Du Chaillu）描述了自己在1856年捕获大猩猩的场景，而他笔下的大猩猩跟索科洛夫斯基笔下所谓的"悲伤的哲学家"几乎毫无共同之处。迪谢吕碰到一只站着的大猩猩，差不多有6英尺高，"体形巨大、胸膛宽阔、四肢发达，一双深灰色的大眼睛露出凶光，脸上的表情令人毛骨悚然……像是一场噩梦”。[6] 据迪谢吕称，这只大猩猩发出咆哮声，慢慢向他们靠近。

> 我们采取防御性姿势纹丝不动地站着，它目露凶光，前额上的毛发抖动着，再次发出雷鸣般的咆哮声，露出锋利的獠牙。此刻，我的脑海里浮现出某种梦魇般的生物——面目狰狞、半人半兽，仿佛身处老一辈艺术家笔下的地狱。它往前走了几步，接着停下来，再度发出可怕的咆哮声，然后向前，最终在离我们大约 6 码远的地方停了下来。正当它愤怒地拍打胸膛、持续咆哮之际，我们开枪打死了它。
>
> 它发出一声类似人类的惨叫，随后一头栽倒在地。它的身体痉挛般抖动了几分钟，四肢挣扎着，接着是一片寂静——死亡已经来临。我放松下来，前去查看这具庞大的尸体。[7]

根据迪谢吕书中的插图，一名矮小的白人猎人正准备朝弓着腿站立、捶打着胸膛的怪兽开枪（图 1）。虽然这幅插图跟迪谢吕的文字描述相匹配，但是该书的卷首插图画出了大猩猩的经典姿势，而这一经典姿势将在全球各地的

图 1　保罗·迪谢吕，“大猩猩之死”，《赤道非洲地区的探险》，1861 年。

博物馆里呈现一个世纪之久。卷首页中的生物，对看似虚弱的猎人造成了终极威胁，而后者只能凭借更高的智力和勇气——也许还有手中的枪降服野兽。这幅图符合人们对于大猩猩的想象：粗壮有力的四肢、致命的獠牙、突出的额头、强壮的胸肌以及浓密的毛发，当然，还有刻意用树枝遮住的我们不该看的东西（图 2）。

我们只需比较迪谢吕的《赤道非洲地区的探险》（*Explorations and Adventures in Equatorial Africa*）卷首插图和索科洛夫斯基的图书封面，就能发现过去 150 年来人们对大猩猩的描述有多大的差异。尽管迪谢吕向世人展示了危险的大猩猩，它时刻准备着撕裂人类的四肢，但是索科洛夫斯基的图书封面却展示了一只身体前倾盘坐，脖子上挂着一截破绳子的年幼大猩猩（图 3）。这只年幼的大猩猩在动物经销商奥古斯特·福克尔曼（August Fockelmann）在汉堡开的商店里生活了几天。索科洛夫斯基在提到这只大猩猩时，指出它那“焦虑而自省的眼神明确无疑地表达出焦虑和无助”。至于有多么“明确无疑”，仍有待商榷。但跟迪谢吕截然不同的是，索科洛夫斯基淋漓尽致地表现出对这只大猩猩的同情。

图 2　保罗·迪谢吕，《赤道非洲地区的探险》卷首插图，1861 年。

图 3　亚历山大·索科洛夫斯基，《猩猩心理观察》封面图，1908 年。

非自然的历史

索科洛夫斯基和迪谢吕的例子表明，虽然每只大猩猩都有其特性，但是我们对这些特性的了解会受到历史资料的限制。在历史资料中，过去的大猩猩不会展现自我，而迪谢吕笔下的大猩猩、索科洛夫斯基笔下的大猩猩，甚至戴安·弗西（Dian Fossey）笔下的大猩猩都与特定的人类环境和人类阐释紧密联系在一起。也就是说，动物本身的样子跟人们眼中动物的样子之间存在无法避免的差异。最后，跟其他事物一样，动物或物种成为各种观点的集合（如凶险、高贵、聪明、残忍、体贴、勇敢）。而且与历史本身一样，每代人似乎都会重塑动物。但即使动物总是跟我们想象中的样子一样，我们也不应该停止回溯历史。实际上，这本书的起点是我开始思考我们如何采用历史视角去谈论"野生动物"，从而明确人类观察、研究、捕获或杀死动物的背景——我采用一开始就被采纳的视角，即过去、现在甚至将来，人们主要是在人类历史背景之下了解动物的。[8]

刚开始撰写本书之际，我读到了西奥多·罗斯福（Theodore Roosevelt）1886 年出版的《农场工人的狩猎之旅：北部大平原狩猎概述》（*Hunting Trips of a Ranchman: Sketches of Sport on the Northern Cattle Plains*）一书，书中内容一直萦绕在

我的脑海里："野牛虽然走了，但是它们留在地面上的足迹还清晰可辨。随处可见的干牛粪，是平原诸多地区唯一的燃料；野牛颅骨的留存时间比其他任何部位都久，是平原居民最熟悉的东西；野牛的骨骼数量庞大，在很多地区已经促成了一个产业，有成百上千的人干着这一行当（他们被称为'猎骨族'），他们驾着马车大量收集牛骨，只为获取其中的磷酸盐。荒原、平原和北美大草原上留下了深深的车辙，而这里此前都是野牛走过的路。"[9] 当时，西方文化中的异域野生动物的数量和种类比以往任何时候都多，罗斯福思考着哪些东西仍然存在，哪些已被抛弃。他的文字暗示了这位历史学家的任务——通过某种方式让遗留下来的缄默残迹复活，还原一个更早的时代。如今，我们无须看太远，就能发现异域动物的踪迹"依然在这片土地上清晰可辨"：它们躺在发黄的相册里；它们慢慢腐烂，成为自然历史博物馆里的藏品；它们成为老旧、变形、破裂的台球和烟灰缸，成为在特殊场合被展出的祖传餐具，成为悬挂在博物馆、体育酒吧和客厅里的纪念伟大狩猎活动的战利品。在发霉的书画、褪色的期刊和记忆里，都能发现过去动物的踪迹，但是它们的踪迹不仅体现了它们曾经存在过的痕迹，还反映了对它们着迷的人、研究它们的人、希望向它们学习的人，以及全神贯注捕获或杀死它们的人的身影。

每当我翻阅迪谢吕和索科洛夫斯基等人的自然历史旧作时，每当我参观自然历史博物馆或动物园时，我常常会想起罗斯福对野牛小径的思考。我想到了在美国和欧洲博物馆里数百万种动物的遗骸，几乎每一块遗骸都会带一个小标签，标明动物在何时、何地、由谁捕获。每当我开始思考这些动物的碎片时总会得出结论：这些动物的非自然历史——它们的一生和来生不是在“天然栖息地”中度过的，而是在博物馆、书籍、马戏团和动物园这样的人类环境中度过的——至少跟它们的自然历史一样，值得大书特书。我还发现，这些非自然历史通常要比动物学家进行的研究有趣得多。最后，我发现这些非自然历史十分重要，以至于我们人类似乎正在集体尝试着对它们视而不见。

我在美国自然历史博物馆里参观展览时，看到北方森林里两头巨大的雄鹿陷入了一场恶战；在冬日月夜里，我看见两匹狼毫不费力地从空地钻进树林；我欣赏着怀俄明州的景色，一群野牛的身影延伸至远方；在前景中，我仔细观察着草原中的大型动物。当然，这里没有大草原，狼也不在树林里，雄鹿也没有陷入恶战。所有这些动物都在曼哈顿的一座博物馆里。它们很久之前就被猎枪杀死，然后被剥皮保存。但我们永远无法看到子弹击中的是野兽的哪个部位，以及猎人是如何做到的。除此之外，有人采集了植物并拍下现场照片，有人描绘背景，有人往动物体内塞满东西，让它们看起来“栩栩如生”。为什么我们要在这些动物的非自然历史中隐藏真实元素，以便如此详细地还原它们的自然历史？

参观动物园也会带来类似问题。众所周知，从最基本的功能来看，动物园是为游客开的，而不是为动物开的。但是，在参观当今最好的动物园时，我们很快就会发现自己置身于一处有意遮盖本身“人为痕迹”的环境之中。动物们不在诸如 19 世纪末动物园的华丽建筑内，而是身处郁郁葱葱的“森林”和“丛林”里，或者在一片延展开来的“大草原”上悠闲踱步。现代动物园展览当然需要妥善管理，而试图模拟动物生活自然环境的“围地”（不再被称作笼子）也具有教育价值。但不容置疑的是，这些展览主要是出于美感方面的考虑——我们不想看见野生动物在“监狱”里踱步，并被粗鲁的游客乱戳或盯着看。的确，美感已经深深根植于动物园的体验之中。例如，20 世纪 60 年代末、70 年代初，在犹他州的一家动物园里，有一只名叫莎斯塔的狮虎（狮子和老虎杂交的后代）。我跟大多数人一样，被莎斯塔的美深深吸引，但在一群游客当中，要好好看上它一眼并不容易。当它 1972 年去世时，由于在当地的名气太大，它的身体里被塞满东西后，被重新放回特制的玻璃笼中，人们仍然会去动物园看它。但是30年后的今天，动物园比以往任何时候都更加注重以“保护组织”的形象示人，所以莎斯塔的身影不再出现在动物园中也就不足为奇了。它不符合当今的“美学”，我们不喜欢体内被塞满填充物的动物出现在动物园中。有人认为，动物园应该被看成是一个试图重建动物栖息地的地方，毕竟动物生活在自然栖息地里太危险。根据这个说法，动物园就不再是供人娱乐的地方，而是保护动物的地方。

卡尔·哈根贝克

我对动物非自然历史的兴趣不仅促使我研究了动物狩猎、捕获、贸易和展览，而且还开始研究19世纪末和20世纪初德国汉堡的卡尔·哈根贝克（Carl Hagenbeck）公司。老一辈美国人可能还记得哈根贝克-华莱士马戏团中的“哈根贝克”，但是出了德国，不研究动物历史的人很少知道这个名字。对于大多数当代德国人而言，“哈根贝克”是汉堡郊外一家动物园的名字，以及记忆中经营异域动物生意的家族。在对动物园历史感兴趣的人看来，这个名字的含义更具体。它是指20世纪初的“哈根贝克革命”（Hagenbeck revolution）——通常指现代动物园理念取得突破的时刻，即动物被放出牢笼，生活在“自然”的围栏中。虽然哈根贝克革命指的是20世纪初的某个特定时间点，但是哈根贝克公司的成立能追溯到19世纪中叶。当时，卡尔·哈根贝克的父亲——汉堡的一名鱼贩开始买卖运送到这座港口城市的异域动物。到了19世纪70年代，哈根贝克公司的财富已经可以跟从事海鸟粪、糖、咖啡、棕榈油、鲸油或大米等自然资源贸易的公司相提并论了。哈根贝克的家族生意从一家小鱼店的副业一举成为动物国际贸易的巨头，直到第一次世界大战爆发，这一地位都未遭到挑战。当时全球各地几乎每个大型动物园、马戏团和私人收藏家都会从哈根贝克那里购买动物。

但是，卡尔·哈根贝克的生意并未局限在动物贸易上。也许最令人震惊的是，1874年，公司决定开始从全世界采购土著人，并将他们放在欧洲科学协会和公众面前展览，从而获取巨额利润。19世纪80年代末，哈根贝克在继续从事有利可图的动物和土著人贸易的同时，开始举办一系列独特的动物展览。他声称，这些动物是用全新的、人道的方式训练的。1907年，公司的动物生意、土著人和动物展览最终在哈根贝克新建的动物园里找到了永久场所（图4）。跟老动物园不同的是，这家动物园没有令游客感到不适的铁栅栏。早在十多年前，哈根贝克就开始不停地实验，这座动物园就是在实验的基础上建立的，并成为20世纪的典范——动物园用精心隐藏的壕沟，将动物与动物、动物与游客分离开来。在那

图 4　哈根贝克动物园开园当天，1907 年 5 月。

里，动物就像是生活在非洲或印度的荒野之中，尽管它们实际上生活在德国北部的一家动物园里。在哈根贝克的动物园里，游客可以参观生活在“原生栖息地”——非洲丛林、俄罗斯草原、美洲平原和北极冰川的异域动物甚至是土著人，而不会受到栅栏或可见屏障的阻拦，也不必离开自己“文明”的舒适区。

本书讲述了卡尔·哈根贝克和他独特的公司的故事，探索了成为哈根贝克展品的动物和人的非自然历史，致力于研究异域动物和人类贸易的起源和发展史。同时，本书还能拓展人们对于动物园历史、19 世纪下半叶德国企业国际贸易急剧扩张的历史，以及这些企业利用新殖民地资源历史的了解。也许最重要的是，本书向世人展示了哈根贝克的多家企业是如何影响 1914 年之前异域文化和野生动物在公众面前的呈现方式的，以及这些呈现方式如何流传至今。除此之外，我希望本书能为读者提供必要的历史背景知识，了解当今动物园呈现出的令人烦恼的问题。哈根贝克的各种兴趣深深植根于现代动物园的建设目标当中，因此了解他的公司的重要性，会让我们更加清晰地认识到现代动物园固有的基本问题，而这必须直接追溯到卡尔·哈根贝克的动物与人类展览生意之中。

本书的核心内容基于我们在动物园、马戏团或宠物店观赏动物时的共同体验。对我们大多数人而言，在大部分情况下，这一体验通常存在令人不满之处。针对儿童常常问到的几个问题——动物园里的动物为什么不动？它们什么也不做吗？什么都不关心吗？艺术与文化评论家约翰·伯杰（John Berger）用一个简洁的发问作了总结："这些动物为什么跟我想象的不一样？"[10] 伯杰的回答提到了19世纪工业化进程中动物的边缘化——动物不再居于人类体验的中心位置。他写道："公共动物园是在动物刚从人们日常生活中消失的那段时期里出现的。实际上，人们去动物园观看动物，是因为难以在野外见到动物了。"[11] 伯杰提到，动物园让人失望的根本原因在于，动物们似乎很抗拒见观众。考虑一下自然历史博物馆的做法，这一点就更加清晰了。博物馆总是试图让观众看到在动物园里看不见的景象，他们完全掌控展品，观众可以在"隐形"的情况下参观动物或土著居民。他们轻轻地走过水洞旁，穿过原住民村落，被展出的动物或人似乎都不能察觉到他们。一方面，与动物园不同，博物馆里的展品不会刻意避开观众视线，它们通常会直接看着观众，从而在某种程度上窥见自己的处境。另一方面，博物馆里展出的动物和人总是积极地过好自己的生活，似乎对自己所处的陌生环境视而不见。

问题在于，即使哈根贝克提出了动物园设计的革命性观点，动物园仍然令我们感到失望。到底有多令人失望？我们只需看几个问题便一目了然。过去这些年，我们曾多少次目睹动物园的游客不顾一切地用令人生厌的暴力方式引起动物的注意？人们往兽笼里扔了多少石头、棍子、硬币和饮料，只为得到动物的回应？到了狮子或企鹅的进食时间，游客为何蜂拥而至？为了得到在小水池里跟海豚一起游泳的机会，人们为什么愿意支付额外费用？在华盛顿国家动物园里，当大熊猫搬家，或者当饲养员进入围场训练大象，又或者当家长对孩子喊道“看！那只大猩猩在看你！”时，人们为什么会马上赶过来凑热闹？我们似乎会有意捕捉动物的眼神，渴望动物看着我们。当然，这是很多猎人津津乐道的眼神，是世界各地的动物标本的眼神，是理查德·纳尔逊（Richard Nelson）在《心与血》（*Heart and Blood*）开篇写下的眼神：“雄鹿站在高地，在枝干粗壮、刚冒新叶的橡树和枫树的掩映下，只显露出模糊的轮廓。它紧张地看着我，但仍坚守阵地，我的静止似乎缓解了它的恐惧……最后，它漫不经心地转过身，俯身去啃嫩草。当它再次抬头时，一簇银色的蒲公英毛球粘在了它的下巴上，就像是长了胡子。每隔一会儿——就像是被消散的记忆刺痛一样——它就会猛然抬起头盯着我，用它的大耳朵聆听最微弱的声音。”[12]

实际上，19 世纪末关于异域动物的研究大都聚焦于动物园里的动物回看或不回看游客时的尴尬和不自在的时刻。我希望能够明确一点，无论我们多么渴望动物的回眸，无论它们躲避我们的眼神时我们有多么失望，要知道当动物真的回眸时，支撑动物园的大厦才开始坍塌。归根结底，当动物看向我们，似乎对自身的困境有所察觉时，我们对动物园的想象就会动摇。

诚然，观看动物园里的土著人展览的体验也是如此。展览效果要好，观众就必须让自己相信被展览者并不知道发生了什么，或者被展览者在德国动物园里的生活比在地球另一端某个偏远、孤立之地的“悲惨”生活要好。一旦被展览者开始不断拒绝被视为“精彩的动物”，一旦他们开始回眸，以人类同胞的身份与观众互动，那么展览就注定要失败了。然而，随着被展览者开始“顶嘴”，动物们却被小心翼翼地“噤声”了，这种强制性沉默也许是现代动物园的典型特征。如果有一两只动物偶尔不听话——例如，一只向来保持沉默的大猩猩或惹人喜爱的黑猩猩恶狠狠地攻击了饲养员，向公众宣告自己的生活跟我们想象的并不一样——那么这些动物很快就会被再次噤声，有时甚至会被永久噤声。而与此同时，我们会继续带着孩子去动物园，这个地方是那么令人着迷。

第一章　历史上的动物园

早在卡尔·哈根贝克的公司主宰异域动物贸易和展览之前的几百年里，异域动物就已经在全球各大城市里展出了。要了解哈根贝克及其创新的重要性，我们必须首先追溯这些展览的历史。简单来说，哪里有城市，哪里就有奇珍异兽的收藏。事实上，追溯大多数人类文明的历史时，我们都能找到这些收藏的踪迹。当然，最常见的是大城市中政治人物的收藏。古巴比伦、古中国和古希腊都有大型动物收藏。亚历山大大帝饲养动物，罗马许多杰出的总督和政治家也一样，例如图拉真和尼禄，据说图拉真饲养了大约 11000 只动物。8 世纪末，查理大帝拥有一个大型动物园（menagerie）*。12 世纪和 13 世纪，法国、意大利、德语国家和英格兰都有大型动物园。例如，征服者威廉的儿子亨利一世在伍德斯托克建立

* menagerie 指皇家或私人动物园，主要用于收集、展示动物，并不一定具备教育或者科学目的。zoo 通常指现代公共动物园，不仅用于展览动物，还有动物保护、教育和科研等功能。——编者注（如无说明，本书脚注均为编者注）

了一个动物园，开启了饲养奇珍异兽这一英国王室传统。后来，他的孙子亨利三世将动物园迁至伦敦塔。直到 19 世纪中叶，剩余的可怜动物被转移到位于摄政公园的新伦敦动物园，王室的动物园才宣告解散。有记录表明，16 世纪，印度莫卧儿王朝的第三位皇帝阿克巴拥有成千上万只动物，墨西哥阿兹特克帝国君主蒙特苏马二世在特诺奇蒂特兰有大型的动物收藏。此外几千年来，一些个人和团体都在小规模进行着动物收藏（有时只收藏本土的非家养动物）。例如在欧洲，城墙外干涸的护城河里通常饲养着鹿，鸣禽被关在精致的鸟笼里，猎鹰和猎豹被饲养以供人们狩猎，养熊也不足为奇。除此之外，流动的动物展览和集市也会定期为城市带来奇珍异兽。

一些著名动物（包括大象、犀牛、长颈鹿和河马）被送往亚洲、欧洲和新大陆。其中最著名的是于 1741 年至 1758 年在欧洲游历的犀牛克拉拉（Clara）。18 年里，克拉拉被送往低地国家、德语和波兰语国家、法国、意大利、英国和瑞典。[1] 事实上，克拉拉的旅行催生了大量艺术作品，包括它的饲养人杜威·穆特委托他人制作的海报，彼得罗·隆吉、约翰·埃利亚斯·里丁格、让 - 巴普蒂斯特·乌德里等人的绘画作品（图 5），以及一些艺术品，如路易十五时代的铜镏金犀牛壁钟。这些艺术品最终取代了阿尔布雷希特·丢勒（Albrecht Dürer）于 1515 年创作的著名犀牛木刻画。该画将

图 5 让-巴普蒂斯特·乌德里,《犀牛研究》, 1749 年。

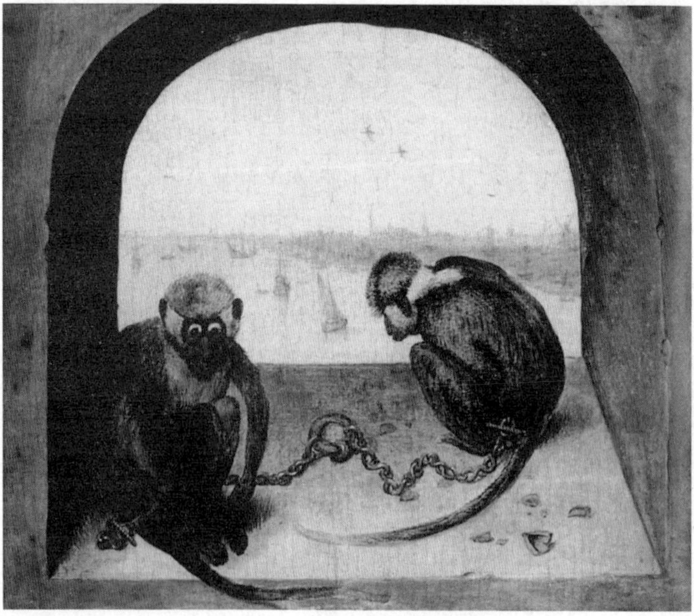

图 6 彼得·勃鲁盖尔,《两只被锁链锁住的猴子》, 1562 年。

犀牛描绘成披着盔甲的“冲撞机器”，200多年里，犀牛的这一形象一直深入人心。[2]从王室到贵族，从商人到平民，人们争相观看、描画、研究犀牛，甚至如T.H. 克拉克所说，模仿犀牛的发型。[3]

事实上，几百年来，异域动物已经成为人类文化语言的一部分，这点在彼得·勃鲁盖尔（Pieter Bruegel）1562年的一幅绘画里即可看出（图6）。画面中有两只被锁链锁住的猴子，坐在拱形石制观景洞中。猴子的腰间绑着金属链，链子固定在洞中央的金属环里。一只猴子面朝观众，专注地看着画外。它既像个老师，又像个学生，下方还写着勃鲁盖尔的名字，似乎暗示着它正是艺术家的化身。两只猴子都面临被囚禁的命运，但这只猴子并没有陷入抑郁或自责，而是专注地观察四周的事物。作为被圈养的动物，它却研究起了圈养的本质。另一只背对观众的猴子蜷缩地坐着，一脸沮丧地看着水面和船只，以及空中翱翔的鸟儿和远方城市蓝灰色的天际线。它就像一个老乞丐，低垂着头躲避着我们的目光，看看脚下的榛子壳，又瞥一眼远方，试图弄清楚被遗弃的榛子壳跟自己命运之间的关联。它的内心已经崩溃。

艺术史家曾反复解释勃鲁盖尔这幅画作的道德寓意：猴子匆忙之中吃下了陷阱里的坚果——轻易获得的好处和短暂的愉悦诱惑着猴子放下了戒备。猴子虽然吃到了坚果，却失去了自由和快乐。但是，如果说这幅画是一个寓言，勃鲁盖尔的政治用意也十分明显：从猴子视角看到的安特卫普的天际线，暗示着西班牙国王腓力二世 1559 年宣布国家破产之后，安特卫普、佛兰德斯和低地地区面临的政治、商业和宗教危机。长期以来，安特卫普一直是哈布斯堡王朝的“经济支柱”，它的命运与帝国的扩张和财务能力密切相关。因此，帝国的财政破产对于安特卫普来说，不可避免地会引发商业和政治灾难。[4]

但是，除了所有的道德和政治寓意，必须强调的是，勃鲁盖尔所画的被锁链锁住的猴子在 16 世纪自有其深刻意义，因为他和他的观众都曾见过被囚禁的猴子，思考过圈养动物带来的囚禁问题。尽管勃鲁盖尔或许是针对欧洲不断变化的政治氛围进行批评，但是他却使用了观众十分熟悉的词汇——“被囚禁的异域动物”——来表达自己的观点。然而，描绘欧洲几个世纪以来出现过的诸多奇怪的动物，与试图弄清这些动物对于观众的意义之间存在巨大的鸿沟。本书开篇中索科洛夫斯基和迪谢吕对大猩猩的不同描述就说明了这一点。事实上，这里有必要简单梳理一下人们了解这一意义的历史。

19 世纪下半叶和 20 世纪初，在经历过经济和社会的急剧变革后，人们对未来信心倍增，对研究过去的兴趣高涨，因此第一批研究异域物种展览历史的专著和文章开始出现，这并不令人感到惊讶。这些作品由欧洲和美国的新兴动物学学会成员创作，兴趣点主要集中在两方面。一方面，这些著作致力于简洁而完整地记录几个世纪以来的各类动物收藏，以及展出的不同动物。另一方面，这些由新式公共动物园支持创作的著作往往对动物展览持乐观的进步主义观点，将动物园的历史跟人类启蒙的历史相提并论。例如，大约在1911年，弗里德里希·克瑙尔（Friedrich Knauer）在撰写动物展览历史的德语著作时坚定地指出："其实对很多人而言，以前的动物园（zoo）差不多等同于大型动物收藏（menagerie），满足的只有游客的好奇心。而今天，任何严肃的人都不会质疑动物园的教育和科学意义，动物园一方面能增长大众的见闻，增进对自然的认知，增加人们（尤其是年轻人）观察动物的兴趣，另一方面能服务于科学。"[5]对于克瑙尔及其用法语和英语写作的国际同行而言，19世纪下半叶，饲养异域动物的定位完全被颠覆了。[6]克瑙尔宣称，新式动物园越发成为学习和科学机构，成为用来教育孩子理解、正视大自然多样性甚至是神圣性的场合，而那些对动物展览的重要性仍然疑虑重重的人，要么是无知，要么是态度不够严肃。

瓦塞勒（Vosseler）博士在1911年呼吁汉堡市继续为动物园提供财政支持时相当雄心勃勃。他指出："活蹦乱跳、举止规矩的动物不是博物馆的动物展览或图片能够替代的，只能在动物园里看到。亲近生物世界能让人变得原生态，能唤醒并维系人们的乡土情结以及对自然万物的爱，是抵消现代生活弊端的最佳办法。因此，动物园能支持学校、家庭和城市体系的伦理和道德教育，直接推动动物和自然保护运动。”[7] 在 1862 年发表的一篇关于动物园起源的文章中，法兰克福动物园管理中心主任大卫·弗里德里希·温兰（David Friedrich Weinland）用过类似的赞美之词，指出了他认为的现代动物园最明显的特征。他称：“法兰克福、德累斯顿、科隆、汉堡、阿姆斯特丹、安特卫普、鹿特丹和布鲁塞尔的动物园不是由王公贵族、学者、好为人师者或教育部部长创建的，而是由这些城市里的平民百姓创建的，而平民百姓潜意识里只是渴望观察生物世界。”[8] 简而言之，温兰认为，繁荣的城市里受过教育的民众之所以创建动物园，是因为动物园为民众提供了一种具备吸引力、有教育意义、能满足心理需求的消遣方式。

这些作者为动物园的存在提出了核心理由——教育大众、科学研究，或许会成为新兴的环境和动物保护运动的中心，以及满足城市居民对自然的基本需求。在整个 20 世纪，对现代动物园的目标持相同看法的历史学家曾反复提及上述理由。例如，20 世纪下半叶最重要的动物园历史学家海尼·

赫迪格（Heini Hediger）在1971年指出："跟早期形成对比的是，动物园不仅仅是为了满足人们的好奇心，现在的公众意识到他们越发需要而且有权在动物园里休闲与消遣。动物园仍然具备最初的功能，但同时还增加了三项功能：提供流行信息、开展研究和进行自然保护（包括为濒危物种建立保护区）。"[9]对于这些动物园历史学家而言，动物收藏的历史已经演变为西方文明史的缩影，在这段历史中，人们逐渐开始理解、重视和保护自然。当然，这个历史的开端是罗马帝国的铺张浪费，以及权贵在公共竞技场观看的血腥表演。故事在"黑暗时代"恰如其分地变得黯淡，在文艺复兴时期再度发展，并在17、18世纪的王室动物藏品中获得新名望。法国大革命期间，随着1793年世界上第一家公共动物园——巴黎植物园的开放，加上追随者们，包括伦敦动物园（1828年）、阿姆斯特丹动物园（1843年）、柏林动物园（1844年）和纽约中央公园（1862年）的开放，历史达到高潮。最后以我们这个时代的"新动物园"结尾，如圣迭戈的野生动物园和迪士尼的动物王国。动物们自由自在地漫步，而游客意识到自己身处非自然状态，他们带着望远镜和相机，静静地坐在电动单轨列车和旅游观光车上，观察着自然状态下的野生动物。[10]

在动物园的历史中有一点要格外注意，即动物展览和动物园的区别。前一个术语通常是贬义词，用来形容“纯粹”为了展览或者彰显主人地位而圈养动物的行为。因此，无论是 16 世纪贵族的动物收藏，还是 19、20 世纪以营利为目的举办的流动式或固定式动物展览都符合该术语的定义。而动物园优先考虑的是科学研究和公共教育。琳达·克布纳（Linda Koebner）在与美国动物园和水族馆协会合作出版的《动物园之书：野生动物保护中心发展史》（*Zoo Book: The Evolution of Wildlife Conservation Centers*）一书中写道：

> 王公贵族的私生活正在瓦解，土地和财富被重新分配。最终，许多动物展览合而为一。凡尔赛宫的动物展览搬到了巴黎植物园。
>
> 1793 年，留在凡尔赛宫的王室动物也被送到了巴黎植物园。人们认为它们是具备科学价值的收藏品，应当作为大自然的奇迹来研究。动物园这一概念随之形成了。[11]

巴黎植物园及其模仿者的出现是圈养异域动物的关键时刻，这一观点被动物园历史学家们普遍接受。1996 年出版的《新世界、新动物：19 世纪从动物展览到动物园的转变》（*New Worlds, New Animals: From Menagerie to Zoological Park in the Nineteenth Century*）一书开篇章节写道：“直到 19 世纪初，西方动物展览的变化都微乎其微，几乎所有动物展览仍然只对权贵开放。动物被囚禁起来供人们娱乐，是地位和权力的象征。动物展览不是系统性组织的，在大多数情况下，展览里呈现的动物仅是为了满足好奇心，彰显动物主人的权势地位。”[12] 无须多言，类似观点会引发更多的疑问。我们真的会相信在 19 世纪以前，西方动物展览的情形和象征意义是稳定而普遍的吗？我们会相信自 19 世纪初以来，动物园里的动物不再被权贵关进笼子，以供人们娱乐并作为彰显身份和权力的象征吗？我们能想象一种未根据某种分类规则组织的动物展览吗？如果将所有蓝色动物都放在同一个角落，这不也是一种分类规则吗？当然，上述文字真正想要告诉我们的是，早期的动物展览并不是按照我们如今认为的更合乎逻辑的规则组织的。

但是，如果说研究动物展览的历史学家感兴趣的是让过去的异域动物“重见天日”，验证进步主义的历史观，那么文化史学家在研究动物对收藏者的意义和重要性方面则要成功得多。通常，文化史学家更关注特定类型的动物展览跟文化环境的关系，而不是证明被圈养动物的身处环境得到了改善。例如，早在 1860 年雅各布·布尔克哈特（Jacob Burckhardt）出版的《意大利文艺复兴时期的文明》（*The Civilization of the Renaissance in Italy*）一书中，他就探讨了饲养异域动物与人类社会其他问题之间的关系。为了证明文艺复兴时期人们对自然历史的兴趣越发浓厚，布尔克哈特自然而然地将目光投向这一时期日益流行的异域动物展览。布尔克哈特注意到了收藏者会出于研究或单纯满足好奇心的目的寻求饲养更多物种，还意识到了展览对于居民的象征意义。他写道：“政府和王室尤其热衷于饲养狮子，即使狮子不像在佛罗伦萨那样是国家的象征。狮穴通常在政府宫殿内或宫殿旁，如在佩鲁贾和佛罗伦萨。在罗马，狮穴则位于国会大厦广场的斜坡上。狮子有时充当政治审判的刽子手。除此之外，狮子能唤醒大众心中的恐惧感。狮子还被看作善恶的预兆。它们的繁殖能力被视为公共繁荣的象征，诸如银行家乔瓦尼·维拉尼这样的人曾得意地记录自己见证了母狮产崽。”[13] 布尔克哈特进一步描写了一些非同寻常的事件。例如 1459 年，在佛罗伦萨举办的一场接待仪式上，就出现了“牛、马、野猪、狗、狮子和一头长颈鹿”互相搏斗的场面。[14]

最近这些年，西方文化史学家越发关注动物甚至是整个大自然在过去的存在状态，他们的工作也获得了巨大回报。从研究宠物饲养到鲸鱼搁浅，研究者们探索动物、自然世界和人类社会之间联系的兴趣越发浓厚。具体而言，在动物园历史这一领域，历史学家指出了动物园在教育、科学、保护或休闲娱乐功能背后的更隐晦的建设动机。例如，约翰·伯杰指出：

> 伦敦、巴黎和柏林的动物园为各国首都带来了巨大的名望。这种名望跟王室私人动物展览积累的名望并无多大差别。从前的动物展览跟镀金餐具、建筑、管弦乐队、演奏家、装饰、侏儒、杂技演员、制服、马匹、艺术和食物一样，都是皇帝或国王权力和财富的象征。同样在19世纪，公共动物园是现代殖民势力的体现，捕获动物是占领偏远异域的象征。“探险家”会往家乡运送一只老虎或一头大象，以证明自己的爱国情怀。向宗主国动物园进贡外邦动物成为屈从性外交关系的标志。[15]

基思·托马斯（Keith Thomas）在研究人们对动物的“现代情感”根源与发展时也提到了这点。他指出：“伦敦塔的王室动物展览体现了动物主人对于征服自然世界的胜利，动物园不仅是财富和地位的象征，还成为征服殖民地的象征。”[16]的确，动物园（尤其是19世纪的动物园）作为殖民观念的化身，这些年已多次成为焦点。哈丽特·里特沃（Harriet Ritvo）的一项关于维多利亚时期英国动物与人类关系的开创性研究对这一问题的关注或许最持久。在研究19世纪的英国人对待动物态度背后的多种倾向和动机时，里特沃发现，从穿越英国乡村抵达伦敦动物园的异国商队，到私人动物展览商，再到狩猎活动组织者，英国人的动机来自看待外邦的帝国主义视角。[17] 在里特沃看来，动物展览背后的动机是渴望用优势力量征服异域。近期对现代动物园起源的其他解释并未将动物园专门置于帝国主义架构之下，而是将其视为世俗情感和经济发展的一般产物。因此，巴黎植物园的动物收藏成为“公众”接近和研究异域动物世界的第一处场所，而19世纪伦敦、柏林、宾夕法尼亚、安特卫普等地的大型动物园体现了人们在资本主义经济支持下建造知识殿堂的动机。[18] 根据这一理论线索，动物园与伟大的博物馆一样，是中产阶级世界观的组成部分。正如大卫·布莱克伯恩（David Blackbourn）所言：“动物园是对中产阶级自信心的致敬，是科学力量的象征，见证了社会进步是如何在启迪人类的同时控制自然秩序的。”[19]

事实上，在对动物展览意义的认识上形成了两大阵营。一方认为，虽然动物展览曾经或多或少地表现了权贵对于人类与自然的征服（也许是受某些“简单”或“庸俗”的好奇心的驱使，有某种可悲的迷恋或被金钱诱惑），但19、20世纪的动物园体现了人们对动物的真正兴趣，人们渴望了解动物、向动物学习。[20] 另一方则认为，在所有动物展览的背后，某些社会、政治、经济力量始终存在并发挥作用。这两种看法对阐释动物展览的意义产生了截然不同的结论，但后者更容易让人理解“熊坑”这样的场所。熊坑也许是19世纪动物园里最常见的动物围场。熊坑通常是一个直径15—20英尺的圆形深洞，中央竖立着一根高高的树桩。熊坑往往是欧洲和美国动物园中的娱乐焦点。例如在伦敦动物园，伦敦动物学学会在熊坑附近经营了一个摊位，以便游客买小面包喂熊。熊会爬上树桩，通常三四只一起，兴奋的观众朝着它们扔食物，对着它们“笨拙的跳跃”开怀大笑（图7）。[21] 虽然动物园史学家会贬低长期存在的熊坑的意义，认为熊坑只是老派的或不太成熟的动物园理念的不幸延续，但文化史学家则倾向于将熊坑视为动物园理念的精髓——过去一直跟恐惧、森林和贵族狩猎特权联系起来的熊，如果只能乖乖地待在受控的、城市化的世俗环境中，成为一个滑稽角色，通过表演来取悦男士和女士，也许最重要的是取悦儿童。中产阶级动物园的拥护者们认为，虽然熊坑没有展现动物园最得体的一面，但是其应当被视为中产阶级动物观念中不可或缺的组成部分。[22]

然而，就算文化史学家对动物展览的意义提供了更有启发性的见解，但大多数见解的影响有限，而且通常都是跟动物没什么关系的大型研究的一部分。例如，尽管历史学家西蒙·沙玛（Simon Schama）在《比亚沃维耶扎的王室野

图 7　伦敦动物园的熊，大约 1900 年。

兽》一文里对于波兰森林里的欧洲野牛展览发表了深刻见解，但动物并不是他的大型研究《风景与记忆》（*Landscape and Memory*）[23]的重点关注对象。同时，动物园的历史被继续书写。例如在大多数大型动物园的礼品店里，通常有讲述动物园历史的书籍出售，书中事无巨细地讲述了动物园这些年的进步与发展。这些历史再次向世人展示了早期动物展览是如何演变成动物园的，以及在某些情况下，动物园是如何再次演变成为如今所谓的“保护中心”的。

这类故事已成为当今动物园的主要叙事。根据这种说法，至少大型动物园的动物不再是堕落贵族阶层的怪异宠物，不再是帝国竞赛的牺牲品，而是少数受到珍视的幸运儿。近期，伦敦动物园负责人科林·塔奇站在进步主义视角宣称：“一百年前，甚至是几十年前，对于动物园里动物的生活，用托马斯·霍布斯的话来形容再合适不过——孤独、可怜、可恶、残忍而短暂。现在，除非发生飓风或其他天灾人祸，优秀动物园的园长可以有效保证动物在人工饲养条件下比在野外活得更长久（也许长好几倍）。”[24] 今天，动物园里的动物离开了原生地区——很少是“天然的”，通常都是“受战争破坏的”或“极其贫瘠的”——在兽医和抗生素的保护下，有了长寿的可能。事实上，动物们甚至可以期待通过用低温保存的配子和组织样本让基因不朽。

但是，由于该论点在很大程度上是围绕动物园传统的、进步主义的机构历史构建的，所以我们必须小心地审视。在现实中，动物展览、动物园和如今的“保护中心”之间存在割裂吗？它们是非连续的吗？或者换种说法，21 世纪初的动物园的宗旨和目标跟之前的动物园存在根本区别吗？要回答这类问题，我们有必要简单比较下 18 世纪的欧根亲王动物园跟 19 世纪的伦敦动物园，后者是中产阶级动物园的典范。比较结果显示，二者的连续性比人们认为的要显著。更重要的是，这种比较为彰显卡尔·哈根贝克的创新的重要性提供了必要背景。与此同时，这种比较也凸显了经常被忽视的动物园发展的不连续性，当我们详细探讨卡尔·哈根贝克的展览时，当我们在本书结尾探讨当今动物园（或保护中心）时，这种不连续性就更加明显。

美景宫动物园

1730 年，约翰·库谢尔贝克（Johann Küchelbecker）在记述神圣罗马帝国的花园时，简要描述了伟大军事领袖欧根亲王的美景宫。[25] 美景宫是欧根亲王在维也纳的第二座宅第，位于城墙周围未开发的军事区之外，俯瞰着城市东北部。宫殿由两座主楼组成，两座主楼被一个规则式花园分开。1714

年至1716年，建筑师约翰·冯·希尔德布兰特主导建造了第一座建筑——下美景宫。这是一座相对不太起眼的建筑，位于北侧。在1716年至1719年第二建造阶段，规则式花园和动物展览区域落成。欧根亲王对于植物（或者更宽泛的来说是对于自然）的乐趣体现得更明显。为了推进建造进度，欧根亲王从巴伐利亚选侯马克斯·伊曼纽的宫廷里请来了园艺师吉拉德。吉拉德是著名园林设计师安德烈·勒诺特尔的弟子，后者设计了凡尔赛宫。吉拉德设计的花园跟路易十四宫殿里的花园有异曲同工之妙。最后在1720年至1724年，第三建造阶段完成，坡顶的上美景宫落成。

参观完美景宫后，游客很快就会发现，欧根亲王跟当时的很多成功人士一样，也是一名狂热的收藏家。他收藏的大量画作风格和主题迥异，收藏的科学仪器和艺术品多种多样，他的藏书在美景宫图书馆的衬托下，显得格外引人注目。除此之外，欧根亲王还有两样格外重要的藏品——动物和植物。事实上，在描述美景宫的9页半文字中，库谢尔贝克花了将近3页对欧根亲王的动物收藏进行描述。对于编年史作者而言，列出动物清单是展示欧根亲王财富和光辉形象的重要工作。实际上，库谢尔贝克对宫殿的描述，几乎可以看作会计账簿：微型画价值20万弗罗林，一幅“女人在浴缸里抱着孩子”的画作价值3万弗罗林，一盏水晶吊灯价值1.8万弗罗林。[26] 还有一些不太精确但同样生动的描述："墙上挂满了镜子，跟天花板一样，镀了厚厚的一层金。地板上铺着各种颜色的珍贵木料。"[27] 他的清单还有一个特点，并没有简单罗列不相关的物品，而是采用一个总括性的分类标题，例如在描述美景宫的第一段里："在城西的建筑群中，我们会发现有一座无疑远胜城市内外其他所有宫殿的建筑。这就是当代最伟大的英雄欧根亲王无与伦比的宫殿。"[28]

那个年代英雄辈出，欧根亲王正是其中之一。正如美景宫一样，上面列举的物品都是欧根亲王的藏品。库谢尔贝克的书中有一幅鸟瞰图（图 8），我们的视线可以从前景中用高高的篱笆筑成的几何形状花坛开始，沿着笔直的园林小径，直达上美景宫。经过一处喷泉式瀑布后，我们便缓缓进入更加虚幻的世界。正如一位作者所说的那样，参观从"基本的和尘世的"景象切换到"由斯芬克斯守护的神圣高地"。[29] 更重要的是，在希尔德布兰特完成花园前期工作后，吉拉德来到这里，"改变了花园的布局，让人们俯瞰花园，而不是仰望花园"。[30]

在欧根亲王的花园里，花和灌木丛呈现出各种形状、颜色和线条的组合。亲王还收藏了一些特殊物品。实际上，他拥有 2000 多种花草树木，大多数都在小天堂花园，尤其是在橘园中。[31] 欧根亲王的小天堂花园跟一个世纪前的理想花园截然不同。后者通常是用围墙或高篱围成的四等分正方形花园，强调相同的横纵尺寸，中央通常有一个喷泉。而欧根亲王的小天堂花园跟他的规则式花园相映成趣，重点突出花园的长方形形态。[32] 下美景宫的橘园、小天堂花园和冬季花园是亲王钟爱之地，供他和同好，如弗里德里克·卡尔·冯·申博恩饱览各种本地和异域植物之美。被欧根亲王采购的动植物甚至书籍都能获得本身之外的属性：它们会成为“欧根专属”。书籍一经收到，就会被用华丽而昂贵的摩洛哥皮革重新装订。每一册书的书脊上，都会烫上金色的书名，旁边还有一个用阿拉伯式花纹描绘的“E”。封面和封底也会印上亲王的盾形徽章，藏书用一套颜色编码规则排序：历史和小说用深红色，神学和法学用深蓝色，自然科学用黄色。[33]

欧根亲王的物主身份在萨洛蒙·克莱纳（Salomon Kleiner）的版画作品里表露无遗（图 9）。克莱纳描绘了站在上美景宫二层阳台上的俯瞰场景。阳台里面的起居室是可控的人类环境，室内镶嵌着各种颜色的木地板，有各式镜子和 4 张棕纹大理石桌。离开起居室走到阳台上，欧根亲王也不会看到一个狂野的自然世界。相反，外面的世界跟内部环境是一个连续体，塑造这种连续性的正是欧根亲王本人。在这幅作品中，动物园的中心、所有景色的交会点，很明显是亲王本人。[34] 当代动物园的围栏试图隐藏人类的存在，但与此截然不同的是，欧根亲王那一排排的栗子树控制了观众视线，最前面的围栏十分强调

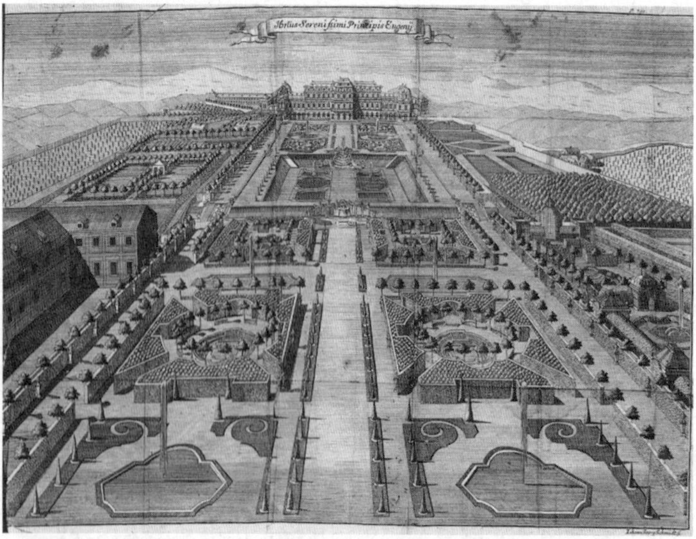

图 8　约翰·库谢尔贝克，美景宫公园全景图。

图 9　萨洛蒙·克莱纳，美景宫动物园，大约 1734 年。

人的存在。欧根亲王收藏的核心理念就是强调他本人对藏品的控制和权力。

那么，欧根亲王为什么收藏呢？只是为了炫耀，供人瞻仰吗？只是为了体现人类对自然的统治吗？虽然这类观点并非完全没有道理，但荣耀等身的欧根亲王并非仅仅出于炫耀。我们可以看看他的藏书。从与吉恩-巴蒂斯特·卢梭的书信来看，虽然欧根亲王的藏书量巨大，但是图书馆里的书他几乎都读过，或者至少翻阅过。[35]他去世时，藏书量达到了15000册，还有230份包含各类主题的手稿。尽管欧根亲王兴趣广泛，但是他似乎对自己的藏品具有更浓厚的兴趣。他通过熟人积极地收集藏品，他的代理人在阿姆斯特丹、伦敦和意大利、法国的主要城市采购艺术品、植物、动物和其他珍品。1720年3月，亲王给一名西西里指挥官写信，感谢对方从尼泊尔运来的动物。并表示将来送过来任何动物，他都将深表感激。同年12月，他给一位比利时轮船船长写信，感谢他送来的一些野鸡。[36]库谢尔贝克曾记录道，欧根亲王的珍稀植物是从佛罗伦萨、热那亚和那不勒斯运来的，以及来自秘鲁、印度、马拉巴尔和土耳其。[37]亲王还购买过椰枣树、咖啡树、樟树和龙血树。据说他在荷兰花了7000基尔德买下其中一棵龙血树。[38]亲王的动物园里动物数量众多，有非洲和美洲的鹰和秃鹫，印度的牛、麻雀、鹿和狼，欧洲的野牛、鹿和盘羊，非洲的牛和野猪，北美的野牛，几头狮子，一头长有四只角的跳羚，鹤，野鸡，五只鸵鸟和一只鹤鸵……

欧根亲王的藏品至少起到了两个作用。很明显，它们展示了亲王了不起的成就、权力和声望。无论是站在上美景宫的开放厅，眺望他规整的花园和远处的维也纳城，还是站在阳台上俯瞰他的动物园，欧根亲王是一切的主宰，这一点在他的财产清单上写得清清楚楚。但是亲王并不总是站在阳台上，他也会和客人走下来，近距离地欣赏动物，读书，花几个小时研究植物。跟很多其他王室收藏家一样，欧根亲王热衷于收藏绘画、植物、知识和动物。这些王公贵族们也收藏权力，但是他们创建的动物园、植物园、珍奇柜、画廊和鱼塘，绝不仅是权力的简单表达。

伦敦动物园

如果按照动物园史学家过去一个多世纪的主流观点，将对王室动物园的理解复杂化，即王室动物园不仅是愚昧腐朽的贵族阶层错误行径的一种表征，那么我们也需要将19世纪的公共动物园的概念复杂化，将其视为全新的、更好的动物展览形式。19世纪和20世纪的中产阶级动物园不同于其前身，但又格外相似。当然，同与不同的关键在于对中产阶级的一些基本定义。但是我们不必深入探讨中产阶级的情感和心态，就能了解这些公共动物园的重要性质。实际上，只需简单考察伦敦、巴黎、柏林、阿姆斯特丹、安特卫普、纽约和费城等城市当时最重要的动物园，就能阐明这类“新型”动物展览的重要特征。

莱佛士的遗孀在《托马斯·斯坦福·莱佛士爵士回忆录》（*Memoir of Sir Thomas Stamford Raffles*）里写道：“大约在1817年，他考虑参考巴黎植物园创建一个协会，最终在1826年他最后一次从东方回来之后成功建立，名为伦敦动物学学会。”[39] 莱佛士的最初目的就是创建一个协会，让对动物话题感兴趣的人能够进行研究并发表科学论文。莱佛士等人坚称成立新协会具有必要性，因为1777年建立的旨在研究自然历史的林奈学会，其研究范围只局限于植物学。而莱佛士的组织目标更加广泛，通过推动研究进而推进动物科学的发展，同时驯化新动物，以供农业使用和娱乐休闲。因此，伦敦动物学学会的最初目标是“建立活体动物展览园，建造用比较解剖法制作的动物标本博物馆，开办动物学图书馆”。[40]

但是，随着学会的动物园于1828年在摄政公园内部建立，动物展览迅速增添了非科学特性。在莱佛士的早期构想里，动物展览应当“既要有趣又要娱乐大众”。[41] 但实际上，19世纪中叶的动物园更像是公共娱乐场所，而不是科研站点。尽管最初只有学会会员和受邀客人才能入园，但是仅过了10多年，公众就可以在周一和周二进入，只需花1先令。在其他日子里，公众需持有学会会员出具的书面凭证。到了19世纪40年代末，公众周一到周六都可以入园，周一要付6便士，其他日子要付1先令，而孩子入园每天的价格都是6便士。周天和舞会日仍然只对学会会员开放。到了1850年，最后的障碍也开始瓦解。集军乐队表演、异国风情的娱乐项目、华丽的服装、公园茶会于一体的舞会日也开始对公众开放，并成为动物园周六欢庆仪式上的常规项目，事实上，舞会费用也成了“门票钱”的一部分。到了19世纪下半叶，动物园成为享有盛誉、大众喜爱的户外公共娱乐场所——介于城市自然公园和游乐园之间——而这种发展趋势在欧美各大动物园里成为普遍现象。

在托马斯·霍斯默·谢泼德（Thomas Hosmer Shepherd）19世纪中叶创作的一系列公园画中，也能明显看到这一新空间的基本特质。他的《摄政公园伦敦动物园》（图10）捕捉到了同时期很多类似插图的普遍感觉。在音乐草坪右后方，可以看见骆驼屋钟楼，它由动物园第一任建筑师德西默斯·伯顿（Decimus Burton）设计，建于1828年。左边是1843年修建的肉食动物看台，看台由爱奥尼亚式壁柱支撑，笼子里面关着狮子、老虎、鬣狗和熊。后方是北极熊笼，建于1832年前

图 10　托马斯 · 霍斯默 · 谢泼德，《摄政公园伦敦动物园》。

后，由高高的向内拱起的钢筋围起。但比起动物园里的动物，甚至比起非凡的建筑，这幅画的焦点仍然是草坪和草坪上的人。的确，人类的存在对于这幅作品而言似乎至关重要。男人、女人和彬彬有礼的孩子们边走边聊天，他们站在笼子前研究动物，聚在一起社交，给两头自由漫步的大象喂食。一个世纪以前，在欧根亲王的美景宫动物园里，这一场面根本不可能出现。尽管欧根亲王的肖像画以及描述美景宫的著作流传了下来，但在这些历史记录里，既没有不知名的“公众”在美景宫公园闲逛的身影，也没有亲王站在藏品中央的情景。在欧根亲王时代，美景宫插图里出现的人物似乎只是为了给真正的焦点——宫殿本身提供比例尺。

谢泼德笔下的音乐草坪概括了 19 世纪公共动物园的精髓：动物园是由中产阶级人士出于教育和娱乐目的而设计的。因此，这座著名的新型公共场所的氛围鼓励乐队演奏、散步等社交活动，以及在众人面前进行动物展览。一篇带有时代烙印的文章提到了一本 19 世纪 60 年代初的动物园游览指南，其中描述了从主入口处去往肉食动物看台的路：

> 北面的主入口处有一条宽阔的步行道，笔直地通往前方。道路两旁长满了鲜花和树木。一座漂亮的小桥架在肉食动物笼子上面，这里是动物园里最引人注目的景点之一。

肉食动物看台两侧安装了护栏，游客可以在此停顿片刻，欣赏摄政公园的广阔景色，以及远处宏伟的大都市。然而，除了永远笼罩着的雾气，你几乎看不到大都市的存在。不过，它还是出现在人们的想象中，与周围的宁静景象对比十分强烈。[42]

这篇文章强调公园是工业城市中央的一处静谧场所，强调雾气似乎“悬浮”在城市上空，这篇文章还暗示了公园里的烟雾魔法般地散去了，爱思索的人可以在公园里思考密集的城市扩张与寂静的大自然之间的鲜明对比。当然，我们不能总是依赖动物营造这种田园生活。鸟屋里的聒噪声、大型猫科动物散发的气味和不合时宜的交配，还有被囚动物的可悲场景都经常遭到批评。例如，在写给一位动物园园长（纽约动物学学会布朗克斯动物园的威廉·霍纳迪）的一封信件里，美国爱护动物协会纽约分会主席约翰·彼得·海恩斯（John P. Haines）开门见山地强调展览无论如何不能让游客们感到压抑，他写道：

昨天，一位爱护动物的朋友来到了我的办公室。在高度赞扬纽约动物学学会的动物的生活状况之后，她说她为一件事感到忧虑，并请我们注意。她注意到，在专门关本土鸟类的笼子里，一只可怜的知更鸟无精打采、病恹恹的。知更鸟很常见，如果有必要把知更鸟关起来的话，至少要找一只健康的鸟。

我向您写这封投诉信，知道您会采取适当措施加以解决。[43]

这封投诉信的重点不是呼吁人们帮助这只生病的知更鸟，而是认为不应该把病鸟关进笼子里展览，这一理念源自人们将动物园定义为娱乐场所——很明显，人们很难从“无精打采”的动物身上找到乐趣。当然，在 19 世纪末、20 世纪初的动物园里，人们无法想象园内会悬挂“禁止投喂”的标志牌。实际上，无论是对于游客还是动物园管理员，投喂动物都是重要活动。游客伸长手臂给动物投喂食物，可能是动物园里的标准动作。这在谢泼德的插画和同时代无数描绘动物园的插画里都有明显体现。熊坑的概念，以及喂养大型猫科动物、海豹、企鹅等动物的仪式性喂食活动都是动物园活动的重点。[44]

在中产阶级动物园里，我们可以看到“公众”的存在。柏林动物园的宏伟建筑弥漫着人类对动物的想象，例如巨大的象塔，是为了模仿印度寺庙，有黄色、棕色和蓝色的穹顶（图 11），鸵鸟屋的设计类似埃及寺庙，墙壁内外画有古代男

图 11　柏林动物园的象塔。

人和鸟，这种壁画在伦敦动物园的新古典主义肉食动物看台上反复出现。实际上，华丽的温室里放满了精心打造的笼子，里面又湿又热，人们从四面八方围上前来，叽叽喳喳，伸手去投喂动物。温室的设计几乎完全是出于文化期待，为了提升野兽世界中文明人类的形象。设计这些地方时，动物园并未考虑公开宣扬的“为公众教育和科研而珍藏动物”的目标。例如，伦敦动物园非常痴迷于鹦鹉，公众喜闻乐见的“鹦鹉踱步”是那里的一处特殊景观——鹦鹉被拴在一排排挂架上，游客在下面踱步。这跟 19、20 世纪的人们对鸟类的科研兴趣几乎毫无关系。因此，伦敦动物园出于科学原因（为了研究鸟类生理结构的差异）于 1831 年至 1900 年收藏了将近 1500 种鸟类的说法显然不着边际。[45] 伦敦动物学学会会员进行比较形态学研究的另一目的，是想获得在一排鹦鹉底下散步的审美享受，鹦鹉能带给他们视觉、触觉和听觉享受。[46]

动物展览与动物园

从根本上讲，19 世纪的欧美动物园，以及其间的茶会、音乐会和科教活动，都是为了庆祝全球启蒙主义和中产阶级的进步。与王室动物展览展示老派贵族的乐观主义、权力和雄心一样，动物园同样展示了新兴中产阶级精英的乐观主义、权力和雄心。说到这里，比较萨洛蒙·克莱纳在欧根亲王的美景宫中看到的动物展览（图 9）和人们在伦敦动物园里喂河马的情景（图 12），差别显而易见。看到这些图片时，人们似乎很容易赞同动物园历史学家的观点：王室动物展览的终结和公共动物园的兴起代表动物展览活动的根本性转变。但是，这一转变到底是什么？

动物园历史学家宣称，19、20 世纪的公共动物园跟早期的动物展览迥异，因为前者强调科学、教育、娱乐和保护功能，不再单纯是为了满足个人好奇心，或者表现某种文化或个人权力。王室藏品的主人往往对公共教育或保护不感兴趣。虽说如此，150 年来，动物园的教育和保护历史实际上并不尽如人意。虽然动物园为公众了解动物的生活提供了一个良好的契机，但是我们都知道，动物园在教育大众方面可谓是困难重重。无论放置多少个教育标志、开办多少场特展，大多数人参观动物园主要是因为它好玩，而不是因为它具有教育意义。实际上，1869 年，当英国音乐厅艺术家“伟大的万斯”（the Great Vance）在《逛逛动物园》（*Walking in the Zoo*）这首歌里发明出“动物园”这个词时，它就暗示着娱乐与休闲，而不是教育。类似地，虽然动物园在过去一个世纪里使得诸多动物物种免遭灭绝，但是，在有些情况下，19、20 世纪的动物园在获取、展览或保护特定濒危动物方面付出的努力，

图 12　玛格丽特·塔兰特在伦敦动物园里喂河马。

反而使某些动物陷入了困境。[47]

至于动物园宣称的其他独特属性——娱乐与科学——我们有理由相信，这也是早期动物展览的重要元素。的确，王室藏品的娱乐功能只能满足非常有限的特定人群，但是19世纪和20世纪的高档公共动物园也是如此，只满足有限公众的需求，尽管这类公众在过去一个世纪里多少发生了一些变化。同时，在巴黎植物园和伦敦动物园之前，很多动物藏品都承担了大量科研功能。"科学性"深深地扎根于欧根亲王、神圣罗马帝国皇帝鲁道夫二世、奥兰治亲王威廉三世的动物藏品之中。此外，对科学和动物生活感兴趣的人也经常参观流动式动物展览。如我们所见，我们要感谢18世纪中期的流动式展览改变了西方人对印度犀牛外观的认识，而我们对渡渡鸟外貌的全部认知要归功于荷兰艺术家罗兰特·萨维里（Roelandt Savery），1626年，他有幸通过海牙王室藏品研究鸟类。

现在来回应最后一个主张：早期动物展览里的动物只是为了彰显主人的地位。从欧根亲王的例子能看出，动物当然可以成为主人成就的标志。但同样明显的是，19世纪至今的现代西方动物园也很明确地体现出了精英阶层的政治、帝国主义或教育主张——例如，正是在这些动物园里，人们获得了判断异域世界的依据。20世纪初布朗克斯动物园展出的俾格米人奥塔·本加（Ota Benga），以及如今的动物园里关于阻止农民和农场主破坏雨林的说教，都明显体现了这一点。[48] 事实上，动物园的许多保护项目（如“雨林收费器”，游客往改装的停车收费器里投 5 美分，就能拯救遥远的一小片雨林）都体现了这样一种理念——出于保护的目的“购买”了远处的某个地方。这意味着 19 世纪伟大动物园的帝国主义主张并不像我们认为的那样遥远。简言之，对于动物园历史学家提出的动物园进步变革的主张，我们应当格外谨慎。

对于历史学家来说，指出不同历史时期之间的普遍差异通常并无多大意义，已是老生常谈的话题。但是，如果说从动物展览到动物园再到动物保护中心的发展过程没有太大意义的话，那么我们该如何理解几个世纪以来动物展示方式的变化呢？要回答这个问题，我们先来看看保罗·迈尔海姆（Paul Meyerheim）1864 年创作的《动物展览》（*Menagerie*）这幅画，它描绘了流动式动物展览历史上不起眼的一幕（图 13）。从技术和风格上而言，这幅作品并没什么特别重要之处。但是，它的内容十分有趣。在画面右后方，我们可以看见用于在各个乡镇之间运输动物的货车车厢；在车厢里，笼子紧挨着并排放置，上面还堆着一些小箱子；几张动物皮随意铺在狮笼一侧，笼里堆着蓬松的干草，还趴着一头心不

图 13　保罗・迈尔海姆,《动物展览》, 1864 年。

在焉的鬃毛浓密的狮子；一群看客头顶上，两只南美金刚鹦鹉正试图入侵对方的地盘；几英尺开外之处，一只非洲灰鹦鹉独自安静地站在吊架上；在画面左前方，一头双峰骆驼开始褪去厚厚的过冬长毛；表演者站在板条箱上，身上缠着一条蟒蛇，脚下有一个装热水的小锡壶，跟羊毛毯一样，都是用来帮助动物御寒的物件；在画面前方，一只鹈鹕狂叫着，也许是被好奇的儿童吓到了；画面中的看客来自各行各业，年龄也各不相同，后方戴着高顶礼帽的男人似乎对展览丝毫不感兴趣，他转身背对着观众，看着远处的笼子；在画面上方，街头手摇风琴艺人的猴子戴着帽子，腰上绑着马绳，被拴在柱子上，这只猴子也许是受到了蟒蛇的惊吓，从自己的小屋跳到了横梁上；横梁上写着几个难以辨认的字——永远不要为了取乐而折磨动物，因为它能感受得到。

从某种程度上讲，迈尔海姆的这幅画讲的是冲突：一边是以狮子和蛇，衣着华丽、声音洪亮的表演者为代表的异域世界；另一边是文明的欧洲世界，充满了狂热的敬畏和刻意的漠不关心。鹈鹕是异域世界的先头部队，不知为何，它越过了界线，离开了同伴的庇护，张着大嘴处于防御状态，试图回到自己的地盘中。好奇、安静而犹豫不决的观众来到帐篷前，似乎是无意间闯入了集市，迎接他们的是奇怪的声音、味道和场景。画面前方的那个小男孩似乎没留意动物，被面前那个身材高大、孔武有力的男人夺去了目光。表演者站在板条箱上，开始了精彩表演：他脚蹬一双齐膝靴，叉着粗壮的双腿威风凛凛地站着，身着红色背心，皮肤黝黑、双臂有力，跟小男孩周围那些矮小、虚弱、毫无生气的男人形成鲜明对比。男孩盯着表演者，一个留着胡须的男人则盯着蟒蛇，蟒蛇似乎也对观众产生了兴趣，男孩和男人之间的女人注视着表演者身上的蛇。表演者似乎在问："这条蛇是杀死拉奥孔的凶手吗？"* 观众们的反应是既恐惧又好奇。这些从全球各个角落被带到欧洲的一小群动物，揭开了德国乃至欧洲和北美对遥远边界——不仅是国界，还是知识与文明边界的迷恋。看到这样一幅画作时，人们必须意识到可以从中得到多种解读。相对乏味的版本是将作品内容解读为体现了对待动物方面的进步主义历史观。至少在我看来，更有意思的解读是聚焦于画里的多层叙事，将其视作内容翔实的历史事件。

解读多层叙事，似乎是理解过去和当下动物展览的意义和重要性的一种好方法，尤其是理解卡尔·哈根贝克的动物展览。例如，在刚开始参观哈根贝克的动物园时，德国动物

* 拉奥孔是古希腊神话中的特洛伊祭司，因告诫特洛伊人勿将木马拖入特洛伊，而被希腊保护神派出的巨蛇咬死。

园协会期刊的通讯员弗里德里希·卡特（Friedrich Katt）注意到，哈根贝克“关注的问题跟支持传统动物园、以科学为导向的动物学家完全不同”。卡特认为，哈根贝克曾经是一名动物贸易商和驯兽师，他的“动物展览从本质上来说很受观众和动物买家的欢迎，跟人们通常理解的动物园的概念完全不同”。[49] 卡特虽然承认哈根贝克的“戏剧性手法”似乎背离了传统动物展览，但是他也承认，“哈根贝克的企业已经在动物饲养史中占有一席之地，成为一种全新的动物园”。[50] 哈根贝克的动物园与众不同，比常规动物园更夸张刺激。商业和戏剧是哈根贝克动物园的两个独特元素，卡特被令人印象深刻的展览折服，同时又感到困惑。

的确，哈根贝克的展览为游客创造了一种展现“动物自由”的戏剧般幻觉。自此之后，这一做法被世界各地的动物园熟知，有时被推崇，有时被否定，但最终还是被竞相模仿。但是，这类幻觉的要点——这类戏剧的要点——是叙事，这些展览是要讲故事的。不过故事通常很难讲清楚。当然，在最基础层面，这种幻觉创造了一种理想世界，在这个世界里，动物园本身的结构消失了。这个观点是由哈根贝克的助手路德维希·祖科夫斯基（Ludwig Zukowsky）提出的。在路德维希看来，哈根贝克想“创造一个动物乐园，用适合动物生活的方式展示来自各地方和气候带的动物，不是把动物关进栅栏里，而是让它们完全处于自由状态。这个乐园也会展出各种肤色的人。从真正意义上讲，它会是一个自然保护区，一个微型世界，成千上万的游客可以在这里开启一场安全的环球旅行，安心地在棕榈树下踱步”。[51]哈根贝克的动物园不只是致力于教育、保护、科研和改进城市景观的机构，也不只是在表达帝国的雄心，而是一个公开的戏剧性梦幻世界，在那里上演的戏剧往往意义深远。

无论是过去还是现在，哈根贝克的动物园都不同寻常，它体现出了一种令人惊讶的持久性——从罗马竞技场到18世纪的贵族动物展览，到19世纪的自然神殿，再到当代的海底世界和动物王国，哈根贝克动物园里的戏剧性娱乐元素在多个世纪的动物展览中几乎未曾改变。要说明的是，柏林动物园及其前身不仅是戏剧性或道德性的表达，也展示了一些简单而有力的观点。为了充分理解这类文化产品的重要性，我们必须阐释特定的物种甚至是特定的动物所能告诉我们的独特故事。哈根贝克的动物贸易、人类展览、马戏团和动物园不仅体现了德国的殖民力量、汉堡的商业力量，人类学、民族学或生物学的帝国主义权力，以及圈养动物背后的观念辩论或者任何其他宏观分析，还包括更多内容。我的一个朋友在回忆他祖母的故事时（他祖母曾被哈根贝克的一个“非洲人”亲吻脸颊）告诉我，哈根贝克是个神话人物。正因如此，讲述哈根贝克的事迹就像是在讲故事，部分真实、部分虚幻，随季节而变，随政治和经济形势而变，随信息来源和讲述者的不同而变。我们现在必须通过这些故事去了解他。

第二章 捕猎动物

关于卡尔·哈根贝克公司最引人注目的故事，是弗朗茨·卡夫卡1917年创作的《致某科学院的报告》。在下文，我们还会提到它。在这个短篇小说里，卡夫卡以一只“开化的猿猴”的口吻探讨了囚禁、自由和艺术等主题，故事以猿猴“红彼得”给某个科学院成员作演讲的形式展开。学院要求红彼得讲述猿猴的生活，但是红彼得坚称办不到。尽管他在文明世界只生活了短短几年，但是他已经远离了之前的生活，先前的记忆已经消失殆尽。红彼得总结道：“先生们，你们过去的猿类生涯（如果诸位有此经历的话）和你们现在之间的距离不见得就比我与我的本族之间的距离远多少。”[1]

但是，如果红彼得无法回忆起自己作为猿猴的生活，那么他就要准备好解释自己是如何从猿猴蜕变成人类的。而这始于他被“哈根贝克公司派出的狩猎探险队”抓住。红彼得的真实记忆是从“哈根贝克公司轮船中舱……一只被钉在箱子上的笼子里”开始的，他抱怨道：“笼子又低又窄，我既难站立又难坐卧，只能弯着不住颤抖的双膝半蹲在那里。大概是我当时不愿见任何人，只想待在黑暗处的缘故，我总是面对着箱子，这样一来，笼子的铁栅都戳进了我后背的皮肉里。”[2]红彼得很快得出结论：他一旦成为人，就可以逃出笼子，即使永远无法重获自由。他进化成人的步骤相当直接——学会握手、吐痰、抽烟、喝酒和说话。简而言之，就是学会在各种场合扮演人的角色。艺术家红彼得出人意料地，为自己找到了“出路”。

我们不得不承认，是艺术与自由的关系这一常规主题推动了这个故事的发展——该主题在卡夫卡 20 世纪 20 年代初的其他动物小说中曾反复出现，如《女歌手约瑟芬》《地洞》和《一条狗的研究》，但是要注意，在《致某科学院的报告》中，卡夫卡也探讨了捕捉、运输和展览动物这个主题。要不是卡夫卡在故事中反复提及“哈根贝克”这个名字，恐怕人们对这一主题的兴趣很快就会消失。在当时的德国，恐怕没有哪个名词比这个名字更容易让人联想到野生、异域和动物了。戏剧家卡尔·楚克迈尔（Carl Zuckmayer）在 20 世纪 40 年代末写道：“当德国南方的孩子想起汉堡时，脑海里浮现的是这样一幅画面——滨海小镇上全是红砖砌成的房子，小镇四周环绕着一个巨大的魔法王国‘哈根贝克’。哈根贝克并不是专有名称，它更像是阿拉斯加或者狂野西部，是人们渴望探险的、尚未开发的秘境。”[3]在本章节，我们回到卡尔·哈根贝克公司成立的初期，探究“哈根贝克理念”的核心元素：狩猎者及其在遥远的地方抓到的动物。

从海豹生意起步

哈根贝克家族的动物贸易生意可以追溯到1848年3月。[4]3月初的一天，卡尔·哈根贝克的父亲——鱼贩子克劳斯·戈特弗里德·卡尔·哈根贝克（Claus Gottfried Carl Hagenbeck）雇用的渔夫在易北河下游捕鱼，结果捕获了6只海豹。[5]卡尔·哈根贝克在回忆录《野兽与人》（*Of beasts and men*）中写道，他父亲“想到一个绝妙主意——让人们花钱买门票看动物。于是把海豹放在圣保利斯皮尔布登广场的两个大木盆里”。据卡尔回忆，这是他们家族第一次尝试展览非家养动物，结果远超预期。汉堡的人们对海豹的兴趣逐渐消退后，老卡尔·哈根贝克在柏林生意伙伴的介绍下，将海豹带到普鲁士的首都再次展览。在国内政治动乱的1848年革命期间，他先做海豹展览生意，然后再转手卖给另一个企业家，赚取了丰厚利润。小哈根贝克记录道：“这是我们动物生意的开始。”[6]

海豹生意取得成功后，老卡尔·哈根贝克加大了对异域动物市场的投入。除了定期展览和销售海豹，他还为自己的动物展览弄来各种动物。土狼、负鼠、各种鸟类和猴子找到了临时栖身之所，他甚至还买来一头浣熊，不过它在从不来梅港运往汉堡的途中逃跑了，在接下来的一年半时间里，靠偷吃当地农作物为生，过上了逍遥自在的日子。19 世纪 50 年代初，老卡尔·哈根贝克频繁地购买从世界各地运到汉堡港的动物。尽管当时汉堡已经有了一些动物贸易商在卖鸟、猴子、其他小哺乳动物、罕见的爬行动物和蝴蝶、甲虫等受欢迎的动物，但是老卡尔·哈根贝克另辟蹊径，他往往会购买其他人不愿买的动物，尤其是市面上比较少见的大型动物。除了柏林和法兰克福的动物园（当时都还处于起步阶段）与流动式马戏团以及动物展览，在 19 世纪 50 年代的德国，很少有人会对斑马、羚羊、鸵鸟、熊和大型猫科动物感兴趣。但是，老卡尔·哈根贝克品位不凡，他因动物贸易商的身份声名鹊起。

但是，除了一些哗众取宠的买卖，在整个 19 世纪 50 年代，动物生意对老哈根贝克来说更多是一种爱好，而不是一门生意。他的主要业务仍然是购买、加工、销售鱼。随着鲟鱼鱼子酱越来越受欢迎，他的生意也越做越好。据他儿子称，风险更大的动物生意经常亏本。很简单，由于缺乏经验，很多动物还没来得及卖出或者展出就已经死掉了。尽管有风险，年轻的卡尔在 15 岁完成正规教育后，还是决定全身心投入动物生意当中。[7]他的弟弟妹妹追随着他的脚步。妹妹路易丝和克里斯蒂亚娜负责照顾鸟类，弟弟威廉帮忙照顾其他动物，并实验新的训练方法。年轻的卡尔开始做更大的买卖，很快，他就吞并了竞争对手的市场，包括主要对手查尔斯·贾姆拉赫和威廉·贾姆拉赫的公司。当时，这家公司跟一些小英国公司已经控制了欧洲大型动物贸易市场的绝大部分份额。[8]1862 年，18 岁的哈根贝克在安特卫普动物园参加年度秋季动物拍卖会时，他利用自己与科隆和德累斯顿动物园园长的关系，很快就跟巴黎、鹿特丹和阿姆斯特丹的动物园园长签订了合同。自此以后，年轻的哈根贝克买下了克里斯蒂安·伦茨的流动式动物展览中的动物，包括一头雄壮的北美狮、一匹北极狼、一头美洲虎和几头黑豹。接着，他很快就在克雷菲尔德的集市上卖掉了大部分动物，给家族生意带来了大约 2000 泰勒的利润。[9]

1863 年，随着家族动物生意逐渐壮大，卡尔的父亲搬到了斯皮尔布登广场 19 号的一处更大的住宅里——雅各布·格哈德·戈托尔德·贾姆拉赫（查尔斯·贾姆拉赫的父亲）就曾在这里举办过动物展览。[10]海因里希·洛伊特曼（Heinrich Leutemann）1866 年在中产阶级杂志《在家》上绘制了这处住宅及其庭院（图 14）。[11]住宅靠街的一侧有两家店面，一家被鞋匠租赁，另一家被哈根贝克用来经营鸟店。1870 年，鸟店

图 14　哈根贝克的动物生意，1866 年。

生意完全由卡尔的妹妹克里斯蒂亚娜接手。跟斯皮尔布登广场的其他住宅一样，哈根贝克家族住宅的后面有一个大庭院，大部分动物展览都是在里面举办的。洛伊特曼的插图展现了哈根贝克家中各种相当常见的情形：一名海军中尉带来一只小动物，卡尔正把它从板条箱里放出来；画面前方放着一个展示海豹的木盆；左边的两个男人在努力制服一头顽固的驯鹿，而一头北极熊从右后方的笼子里往外看；猴子骑在从笼子里取动物的人的背上，被缰绳拴住的野猪站在前面，狗和孔雀看着后面笼子里的各种大型鸟类；画面前方，更多的鸟在寻找着卡尔妹妹喂的食物，她的手里拿着一个小篮子。这幅画汇集了哈根贝克动物生意中的各种场景，很好地展现了人们在参观这家小店时会看到的景象，也成为家族历史的一个标志性画面。

19 世纪 60 年代中期，哈根贝克的生意开始慢慢转变。一方面，公司继续购买停泊在汉堡码头的轮船运来的各种各样的动物。1863 年，赫伯罗特航运公司的一名舵手把 5 头大熊运到了汉堡。这些熊本来属于格里兹利·亚当斯，他从前捕杀动物，后来成为经理人，舵手是在亚当斯卖庄园时买下大熊的。[12] 当时，除了哈根贝克家族，没有其他经销商能买得起两头灰熊、一头黑熊和两头棕熊，所以卡尔和父亲以极低的价格买下了它们。虽然哈根贝克家族的人继续在进港的轮船上购买动物，但卡尔已经跟英国、法国、荷兰、比利时建立了联系，掌握了更常规、更可靠的供应线。那时，哈根贝克家的大多数生意仍然是购买和转售那些被运到欧洲，在动物展览、马戏团、动物园或其他经销商手里流转的动物。1864年，卡尔第一次前往英国，买了一头南美巨型食蚁兽，他指出："直到德意志帝国建立、德国海外关系扩张，他才不再依赖伦敦的动物市场。"[13]

尽管德国的统一以及殖民地的获取明显促进了哈根贝克的动物生意，但同样明显的是，在1864年——德国真正成为殖民地竞赛有力竞争者的20年前——卡尔·哈根贝克就已经迈出了去除中间商、在全球贸易基地直接获取货源的第一步。在此两年之前，也就是1862年，意大利人洛伦佐·卡萨诺瓦在1859年的一场大火毁了自己的耍猴表演后，想方设法回到了非洲，并从埃及苏丹国带来了一大群动物。据哈根贝克回忆，这次运来了"6只长颈鹿、一头大象和很多其他稀有动物"。但是，卡萨诺瓦在处理这些动物时碰到了一些困难，所以直接把它们低价卖给了一个流动式动物展览。1864年夏天，当卡尔收到一封电报得知卡萨诺瓦要带回更多动物时，卡尔立即出发去见了卡萨诺瓦，买下了他手头所有动物。最重要的是，卡尔还跟卡萨诺瓦签订了独家合同。1864年的这次运输规模很小，只有"2头幼狮、3头剥皮的土狼、一群很漂亮的大猴子和一些鸟”，但是哈根贝克把它们全部买了下来。[14]

1865 年 7 月，卡萨诺瓦运回了第一批动物，有“3 头漂亮的非洲大象、几头幼狮、几头土狼和豹子、小羚羊、瞪羚和鸵鸟”。[15] 接下来的年月里，类似的合同也扩展到其他探险路线上。到了 19 世纪 60 年代末，卡尔·哈根贝克的动物供应量越来越大，客户群也在不断拓展。到了 19 世纪 70 年代，随着苏伊士运河的开通以及德国贸易和汉堡企业在非洲和远东的日益壮大，卡尔·哈根贝克的生意迅速扩张，成为动物国际贸易的“领头羊”，动物运输的频率和规模几乎年年增长。1870 年春天，哈根贝克收到了从非洲发来的电报，内容是他的两个经理人卡萨诺瓦和米格列特正在分别前往苏伊士和亚历山大港，卡萨诺瓦得了一场大病，于是让哈根贝克在苏伊士跟他碰面。卡尔跟他 18 岁的弟弟迪特里希一同前往苏伊士，迪特里希在 3 年后的一场捕猎探险中死于非命。到达苏伊士火车站后，哈根贝克发现一些动物已经被装上了货车。但真正吸引他注意力的，是卡萨诺瓦住的旅馆里的场景。卡尔在回忆录里写道：“我永远不会忘记自己走进旅馆庭院时看到的奇特场景。要是画家看到这一场景，可能会取这样的标题——‘被锁住的荒野’，大象、长颈鹿、羚羊和野牛都被拴在了棕榈树上，16 只鸵鸟自由奔跑，60 个板条箱里装满了狮子、豹子和猎豹，30头斑点土狼，胡狼、猞猁、薮猫、猴子、秃鹳、犀牛、鸟和大量猛禽。”[16]哈根贝克和弟弟费了一番周折，才成功接管卡萨诺瓦的货车，把动物运到了亚历山大，再采取其他运输方式。整批动物登上了开往里雅斯特的轮船，据卡尔描述，“这是迄今为止运往欧洲的最大规模的动物运输”。[17]其中有“1头犀牛、5头大象、2头疣猪、4只土豚、14只长颈鹿、12只羚羊和瞪羚、4头努比亚野牛，还有60只大大小小的猛兽，包括30头斑点土狼、7头幼狮、8只豹子和猎豹，还有几只其他野生猫科动物。除此之外，还有26只非洲鸵鸟，其中16只已经完全发育……这次运输用了20个大板条箱，里面装着猴子、鸟和72头努比亚乳羊，乳羊能为年幼的动物提供奶”。[18]这次令人瞩目的航行或多或少奠定了哈根贝克在动物贸易界领军人物的地位。在前往汉堡途中，卡尔在维也纳、德累斯顿和柏林卸载了一些动物，其中在柏林卸载的动物规模是海因里希·博迪努斯任职柏林动物园园长第一年期间最大的一次——当时，柏林动物园的物种数量几乎翻了一番，标本数量是之前的3倍。[19]

动物捕手

如果说在19世纪70年代初，哈根贝克的声誉已经或多或少地存在了，那么卡夫卡的红彼得的故事中抓捕动物的画面要在几十年之后才能形成。还要过一阵子，哈根贝克的名字才能跟用一艘巨轮将类人猿运往欧洲的旅途联系起来。但是，要理解这一场面的背景，我们必须暂时绕开哈根贝克，将注意力转移到动物捕手角色身上，看他们是如何向欧美公众呈现抓捕动物的画面的。

首先要意识到，哈根贝克的动物捕手有很多种，其中包括专职商业猎人，如大象猎人汉斯·赫尔曼·朔姆布尔克、海象和鲸鱼猎人奥勒·汉森，他们的副业是抓捕所猎动物的幼崽。[20]还有博物学家和探险家，如摄影师卡尔·席林斯，他们偶尔会收集活标本。[21]还有殖民地军队的士兵，如汉斯·多米尼克，以及德国和其他殖民地哨所的欧洲人，如卡尔·哈根贝克的同父异母兄弟约翰，他们恰好有为哈根贝克和其他贸易商抓捕或购买动物的机会。[22]还有一群在某种程度上独立的商人，如卡萨诺瓦、伯纳德·科恩和约瑟夫·门格斯，他们很早就在动物贸易中找到了称心如意的工作（通常都是偶然的），尤其擅长跟土著人打交道以获取动物，都跟哈根贝克建立了长期关系。[23]最后，还有职业猎人，包括克里斯托夫·舒尔茨和伊丽莎白·舒尔茨、尤尔根·约翰森、维赫姆·格里格尔。[24]当然，这些人的背景也各不相同。汉斯·赫尔曼·朔姆布尔克是罗伯特·朔姆布尔克爵士的侄子。罗伯特·朔姆布尔克爵士是圭亚那探险家，后来成为英国驻暹罗的总领事。朔姆布尔克受过教育，略有家产，通过商业猎象活动来筹措资金，开展自然史研究。[25]但在成功抓捕到一头幼象并卖给哈根贝克后，朔姆布尔克放弃了猎象活动，成为一名动物捕手，后来又成为摄影师和电影制作人。约瑟夫·门格斯尽管是一位一流的探险家和冒险家，却对狩猎几乎毫无兴趣，也没有时间研究自然史。19 世纪 70 年代抵达非洲并加入查理·戈登在白尼罗河上的探险后，门格斯留在了非洲。1876 年至 1890 年，他在苏丹、索马里和斯里兰卡为哈根贝克工作，后来陆陆续续独立工作到 1909 年前后，虽然经常面临财务危机。[26]总而言之，各类人最终都出于种种原因加入了捕猎动物的行列，还包括顶尖猎手兼博物学家西奥多·罗斯福[27]推崇备至的卡尔·席林斯，以及一些家底不太殷实的冒险家，如克里斯托夫·舒尔茨，他最初前往非洲是为了冒险，但是很快就得到了哈根贝克公司的大力支持。

“一战”爆发前的 50 年里，随着各类动物捕手加入，殖民地的动物捕猎业发生了巨大变化。19 世纪中叶，为了应对动物园、马戏团和狩猎公园的大量兴起，该行业开始迅速发展。到了战争开始时，它已经快速成熟。尽管交易地点和贸易商一直在变化，但是该行业有 3 个基本特点。首先，贸易刚开始时几乎完全依赖当地的动物捕手和中间商，欧洲贸易商只购买抵达沿海贸易站的动物，随后还有内陆贸易站。但是到了 19 世纪末，欧洲人已经逐步掌管了贸易过程的全部阶段。例如，哈根贝克的第一批“旅行者”，卡萨诺瓦和门格斯就在内陆设立了自己的贸易站，绕过了中间商，直接跟当地捕手交易。后来，哈根贝克的捕手，如约翰·哈根贝克和克里斯托夫·舒尔茨也掌管了抓捕过程，虽然要依靠当地人提供大量劳动力。虽然开始时，一些引人注目的抓捕行动（如抓捕第一头倭河马、第一头殖民地大象和第一头海象）的组织者是一群形形色色、主要兴趣不在于捕猎动物的人——包括博物学家、殖民地官员和各类兼职猎人——但是很快，捕猎行动就被动物园和马戏团的人控制。因此，虽然顶尖猎手卡尔·席林斯于 1903 年在德属东非抓捕的犀牛轰动一时，但哈根贝克生意中更重要的部分，是在德属东非哈根贝克 - 舒尔茨农场的一大群斑马（图 15），以及职业猎人维赫姆·格里格尔从 1901 年开始为了在蒙古捕获普氏野马而斥巨资进行的探险。[28]

虽然在 19 世纪的大部分时间里，流行文章和书籍里出现的捕猎动物的画面往往热衷于描述一些经常使用的血腥和破坏性方法，但是到了 19 世纪末，这些描述开始系统地避免讨论捕猎行动之中和之后的“损失”。1914 年，一部规范捕猎行为的法典出现了——一方面是为了回应常见的批判，另一

图 15　斑马畜栏，德属东非，大约 1910 年。

方面是为了应对捕猎行为的职业化——法典明确表示捕手展示了对自然和动物的挚爱，又表示捕手的行为是大型保护和教育项目不可或缺的内容。简而言之，动物捕猎生意被殖民主义者接管，而且跟殖民地的其他产业一样走向了职业化。我们只需深入分析这一时期为哈根贝克捕猎动物的几个故事，便能更清晰地了解其发展脉络。

早期贸易商

我们先来看看哈根贝克的动物捕手最早的记录—— 19 世纪 70 年代的宣传册《卡尔・哈根贝克在努比亚的动物车队》（*Carl Hagenbeck's animal caravan from Nubia*）。[29] 据小册子记载，“近年来最重要的动物贸易商——德国汉堡的卡尔・哈根贝克先生每年都会把自己的‘旅行者’送往努比亚和苏丹”，从而接收“努比亚猎人抓捕的动物并运送到欧洲”。哈根贝克的代理人——这里我们应该算上卡萨诺瓦、科恩、门格斯等人——由于熟悉那片土地和当地“半开化的居民”、能流利地讲阿拉伯语而被选中。小册子继续描述了动物站：

> 动物贸易商的营地往往建在靠近河流的地方，面积很大，形成了一个小村庄。里面有供欧洲人和他们的黑人仆

人居住的草屋、浓密树荫下关押被捕动物的地方、马厩和厨房。整座营地被又高又厚的刺篱围住，每晚都会立起荆棘丛，关闭通往营地的唯一大门。营地整晚都会生火，驱赶在周围晃荡的食肉动物。几乎每晚都有狮子或豹子造访这个孤独的营地，朝着居民咆哮数小时，直到人们用火把或朝空中开枪把它们吓跑。白天，动物站里熙熙攘攘，当地人源源不断地赶来，有的纯粹是出于好奇，但更多的是为了充当猎手、获取猎马。[30]

一旦猎人有了马、绳索和其他必要材料，他们就会离开营地，几周后带回动物。据小册子记载，通常情况下，他们会追赶兽群，直到幼崽掉队；豹子和其他猫科动物会落入陷阱；年幼的大象和犀牛会在母亲被杀后被捕。这些动物被捕后，陆续被运往动物站，于是交易开始了。据小册子记载："交易往往会持续好几天，然后商人才能用一笔钱和一些小礼物，如烟草、糖、肥皂和（尤其令人垂涎的）空瓶子换来动物。被捕动物总是筋疲力尽，1/3 到一半的动物会因受不了狩猎的压力而很快死去。"[31]

逗留数月后，哈根贝克的早期动物捕手们会把动物从内陆运往海边。从小册子里描述的努比亚车队的例子，我们可以了解到将动物运往欧洲的难度。首先，这些车队的规模往往令人瞠目结舌。车队除了运送小动物，还有 3 头犀牛、14 头大象、9 头长颈鹿、15 只羚羊和 17 只鸵鸟。此外，哈根贝克的代理人还请了 2 至 4 个人赶一头大象，3 个人负责赶一头长颈鹿，两个人赶一只羚羊或鸵鸟。幼狮、豹子、鸟等太小或太危险的动物会被关进笼子里，由骆驼运送。最后，队伍还带着一大群山羊，为动物幼崽们供奶，为食肉动物们提供食物。努比亚车队用了 54 天才从内陆到达红海，他们会在日落和黎明的凉爽时刻赶路。从内陆捕获的动物只有一半能活着抵达港口城市萨瓦金，动物从这里登上轮船前往苏伊士，然后登上火车前往亚历山大，再乘坐轮船抵达里雅斯特，最后坐着火车到达北欧。小册子最后总结道："从以上种种描述中，大家可以看到这样一场运输会遇到的困难和需要花费的成本。因此，希望公众能够对动物运输和努比亚黑人随从和猎人们多一些友好的关注，以补偿哈根贝克先生付出的巨大成本和牺牲。"[32]

当然，随着早期贸易的发展，这门生意逐渐有了某种规律性。很快，卡萨诺瓦、门格斯、科恩等主要来自德国、希腊和意大利的贸易商就不再需要深入内陆雇捕手了。约瑟夫·门格斯在 1876 年的一篇文章中谈到非洲东北部的动物贸易：

经过多年的实践，如今德国人开展的动物贸易已经十分规范了，跟其他生意一样顺利。10月和11月，当雨季后的危险期结束后，贸易商就会从开罗或亚历山大来到苏伊士，坐上埃及的轮船。这些轮船每月两次从萨瓦金开往马萨瓦。前往萨瓦金要花4到6天。萨瓦金是伟大车队路线的起点，经过卡萨拉和加达里夫到达喀土穆，经过加拉巴特到达阿姆哈拉。贸易车队要花16天从萨瓦金到达卡萨拉。这条路线已经很成熟，但只能靠骆驼才能通过，两三天才能补一次水。在卡萨拉，贸易商会租一间房，等待内陆的阿拉伯游牧民族前来交涉。他们会带来捕获的动物，把动物卖掉，再签订合同抓捕其他动物。系统性参与捕猎动物的阿拉伯人是哈姆兰人，他们在赛迪特河有狩猎场。赛迪特河、加什河和阿特巴拉河之间的土地上的野生动物尤其丰富，因此不缺容易抓捕的幼小动物。[33]

门格斯写道，贸易商到达后，狩猎进度会加快，捕手会特别留意商人们垂涎的动物。动物会被运往卡萨拉，被贸易商买走。门格斯说，尽管贸易越来越程序化，欧洲人的任务变得越来越简单，但是如果想获得稀有动物，贸易商们还是要深入内陆，直接跟土著捕手交易。但如果贸易商只对长颈鹿、大象、野牛、土狼、狮子、豹子、羚羊、鸵鸟等其他鸟类和小动物感兴趣，那么他就可以在卡萨拉舒服地等待动物被运来。[34]

当然，上文描述的流程跟其他早期殖民地产业的发展史产生了呼应并不是巧合。这些文章捕捉到了欧洲人绕过沿海贸易商和领主，深入内陆获取贸易商品，从而巩固自己在殖民地的势力的时刻。动物捕手采用的方法与其他更加稳固的行业的做法有些相似并不是什么新鲜事。不过，就像恩德雷·斯蒂安森（Endre Stiansen）在研究苏丹的象牙和阿拉伯树胶贸易时强调的那样，我们很难对殖民地贸易进行清晰的归纳。[35]欧洲贸易商往往深入内地，见到阿拉伯树胶就买。而象牙交易往往发生在更加固定的站点，但是不同地区的流程不同，当地的传统和贸易商的能力、专业技能都会影响交易发生的方式和地点。哈根贝克的捕手使用的交易站似乎很可能同时用于其他交易，而且都运用了类似的交易手段。例如，贸易商经常采用努比亚车队的小册子里提到的各种“信托制度”，即预先给土著居民提供物资和货物，以换取他们承诺的未来的货物交付。在没有银行系统的地区，这种制度在很大程度上考虑到了地区的实际交易需求。根深蒂固的债务结构推动了市场的发展，因为交易象牙、树胶、石油或动物的债务人既想保持跟贸易商的宝贵联系，又想摆脱债务，但这往往是不可能的。无论在哪种情况下，跟殖民地的其他交易一样，动物贸易的一般规则往往很难确定。[36]

很明显的是，哈根贝克的捕手采用的交易系统具有重大投机风险，因为需要大量资金来支付捕手本人的交通和生活费、交易站的建立和补给费，以及可能需要支付给捕手的预付款、动物运输费和保险费。对于卡萨诺瓦、门格斯和科恩等半独立的贸易商而言，大多数成本都是由他们本人承担的。但是，在 19 世纪和 20 世纪之交，哈根贝克似乎一直在大量资助动物捕猎探险生意，以供应自己的企业。当然，只需考虑一下成功的抓捕可能带来的巨大利润，就能明白他为何愿意冒着巨大的财务风险资助探险了。门格斯曾公布过一张价目表，上面列有 1876 年大象、长颈鹿、犀牛、羚羊和狮子在卡萨拉的价格以及它们在欧洲的售价。据记载，一头大象在卡萨拉的购买价仅为 80—400 马克，而在欧洲的售价高达 3000—6000 马克；一头长颈鹿的购买价仅为 80—200 马克，而售价高达 2000—3000 马克；一头犀牛的购买价为 160—400 马克，而售价高达 6000—12000 马克。[37] 门格斯表示，人们在谈论这些利润时——例如犀牛的利润率可高达 7500%——还必须考虑把动物运往欧洲所需要付出的巨大成本。他表示，可以这么假设：要把动物运送到萨瓦金沿海，每趟必须以 24 马克的单价购买 50—100 头骆驼；雇 50—60

人赶骆驼，还必须为动物和人提供水和食物。接着，将动物从萨瓦金运送到苏伊士，每头大象或长颈鹿可能要花 150 马克，每个小动物可能要花 130 马克，笼装的动物每立方米要花 34 马克。从苏伊士送往亚历山大，每节火车车厢的运费需要花 330 马克，关税是动物价值的 8%。再加上所有旅途的每个阶段装卸动物、沿途喂养动物、打点关系需要的费用以及运送途中 1/3、1/2 甚至 2/3 的动物死亡率，门格斯表示，利润就显得不那么极端了。[38]

虽说如此，我们仍然可以从门格斯 1876 年的数据中得出一些印象深刻的结论。例如，拿最容易想象的场景举例：1 头犀牛、5 头大象、14 头长颈鹿、12 只羚羊和 7 头幼狮。[39] 据门格斯的数据，在卡萨拉，这些动物的总价范围是 1976 马克到 7200 马克。如果我们选取最高价格，再把数字翻番以覆盖运送动物到欧洲的所有成本（我估计实际成本不超过 10000 马克），两者相加后，这些动物最多可能会花掉哈根贝克 21600 马克，必须承认这确实是一大笔钱。然而再看一下门格斯的数据，这趟运送的 39 个动物可能会在欧洲卖到 61000 马克到 136800 马克。即使将这些数字减半、以高达 50% 的死亡率计算，利润空间仍然比较可观。虽然哈根贝克的一些探险几乎毫无收获，例如第一次尝试在利比里亚抓捕一头倭河马的经历。但即使是这种失败的探险，也变成了公司的优势。因为人们都在口口相传哈根贝克愿意获取任何事物——据说哈根贝克可以供应“从白象到跳蚤的任何动物”，而且他“敢为人先，挑战不可能完成的任务”。[40] 而且失败的探险只是例外。哈根贝克的生意具备规模效应，只要看看公司在19世纪60年代到80年代运送的动物数量，就能看出哈根贝克是怎样名利双收的。据哈根贝克1887年的估计，在公司成立后的20年里，“他卖了至少1000头狮子，300—400头老虎，600—700头豹子，1000头不同种类的熊（曾经一次就卖了42头）和大概800头土狼。他经手的大象大概有300头，其中包括63头印度象和4头非洲象。他卖掉了17头犀牛，其中包括3头印度犀牛和9头非洲犀牛，公司卖掉了150头长颈鹿（仅1874年就卖掉了35头）和600只羚羊，其中包括最稀有、最大、最漂亮的品种”。在同一时期，公司还卖掉了180头双峰骆驼、120头单峰骆驼和150头驯鹿。在一次引人注目的动物运送过程中，大约有600条蛇，其中374条活着抵达了汉堡。[41]

正是在哈根贝克成功往欧洲运送动物的生意背景下，我们才能更理解他为何在1873年决定派自己最小的弟弟——20岁的迪特里希前往非洲为公司抓捕小河马。这个决定是公司发展史上的重要节点。虽然在1873年，哈根贝克的动物生意已经成为往欧洲运送非洲动物的主要源头（主要通过苏丹的动物站），但是当时的生意仍然是以哈根贝克的代理人通过交易和购买获得的动物为基础。因此公司把迪特里希派到野外捕猎动物（为了抓捕市场上最有价值的动物之一），试图更好地控制可获取的动物种类。[42] 但同时，迪特里希这类新捕手的出现，体现了殖民地贸易的一个重要时刻。尽管卡萨诺瓦和门格斯已经绕过传统中间商直接跟内陆人进行交易，从而弱化了沿海权力集团的势力，巩固了对殖民地的控制，但是迪特里希及后来者采取了新的步骤，掌控了捕猎过程本身，仅让当地人充当劳力。

但最后，迪特里希花了几个月时间，还是没能带回来哪怕一头河马。1873 年 3 月 14 日，这位年轻的猎人经过 4 周的苦苦搜寻，在见过很多河马包括一群 20 头的河马，并射杀了其中 4 头成年河马后，被迫前往桑给巴尔治疗自己的发热病。[43]4 月底，在一封信里，迪特里希提道："这个月又徒劳无功，当地人的懒惰使人更加沮丧，在追捕一头母河马和它幼崽的 3 天时间里，我连续遭遇了恶劣天气。"[44] 在 6 月 25 日的一封长信里，迪特里希汇报他成功抓捕了一头小河马，但是这头河马明显被鳄鱼咬伤过，6 天后就因伤势过重死了。[45] 迪特里希本人也在不久之后因感染恶性疟疾身亡。[46] 中产阶级杂志《花园乔木》写道，他成了"未能从非洲返回的另一个不幸牺牲品"。[47]

猎人变成捕手

虽然哈根贝克对把动物运往欧洲或美国的每个阶段的掌控感都越来越强——从动物捕猎到运输，再到卖给动物园或其他收藏家——但是哈根贝克等贸易商仍然继续购买由博物学家、殖民地官员、“伟大的白人猎手”和商业猎手们提供的少量动物。当然，人们对这些猎人及其捕猎活动的描述有很大差异，但是仔细看看其中的大多数故事，就会发现业余捕猎和专业捕猎的区别，而且十分明显。汉斯·多米尼克（Hans Dominik）在 1901 年的《喀麦隆：德属热带地区 6 年战争与和平》（*Cameroon: Six years of war and peace in the German tropics*）的猎象冒险一篇中，提供了一个令人惊讶的例子。19 世纪 90 年代中期，喀麦隆德属殖民军上尉多米尼克跟德国动物园园长路德维希·黑克进行了一番交谈后，决定捕猎一头幼象。当时多米尼克已经从殖民地带来了各种动物，黑克告诉多米尼克，当第一头大象从德属非洲抵达柏林时，人们将举行盛大的欢迎仪式。[48] 多米尼克认为，若想大获成功，就必须抓捕一大群象，然后把成年象杀掉，带走小象。多米尼克的计划虽然血腥，却很实用，很多作家都曾钦佩地赞扬过他执行任务的能力。[49]

多米尼克放话，第一个带他见到象群的人将获得“一大笔奖励”。1898年10月初，多米尼克终于收到消息，姆韦莱的猎人已经发现了象群，正在等待他下达指令。多米尼克到达后，和向导赞帕和安巴一块观察了象群：“象几乎一动不动，寂静的森林里，工人的呐喊声好像也没惊扰到它们。一头公象站在一旁，用鼻子把树枝折断，吃着上面的树叶。离我们最近的地方站着一头母象，正用鼻子爱抚着小象。小象比一头猪大不了多少，站在母象的腿之间。几头大象正在进食，像挥舞镰刀一样挥舞着鼻子，折断了地上的小草，而大多数象似乎正在睡觉……跟野外威猛的动物相比，我们显得如此渺小。”[50] 晚上，人们筑起了一道围墙，防止大象逃跑。第二天早上，捕猎开始了。多米尼克首先描述了他和两名向导一开始看到两头成年象的情形：“它们一前一后，头朝左，四处寻找着吃的。大象慢慢朝我们走来。‘你抓第二头。’我小声对赞帕说。我们已经准备就绪。我朝最前面那头象的右耳开了一枪。只听一声枪响，大象把鼻子伸向空中，大声哀号着。那短尾巴伸得老远，像陀螺一样转着圈。这时，赞帕也开枪了。第二头象在我面前弯下膝盖，但很快就站了起来，跟着前面不停哀号流血的公象爬上了山。”多米尼克又在大象背后开枪，然后追赶了过去，看到两头象正挨着彼此：

> 那边倒着一头象，脊背明显被枪击中过，它向后瘫倒，

保持坐立姿势。大象的前腿像柱子一样伸着，头和鼻子左右摇晃着。大象发出一声沉闷的呻吟，地上流了厚厚的一摊血，它的肺也受了伤。另一头象站在旁边，只有鼻子在动。它不停地甩着鼻子，用鼻子往身上撒泥土。我们慢慢靠近，似乎并没有惊扰到它们。我们在大象附近匍匐前进。我用来复枪瞄准坐着的大象，这时，旁边的赞帕开枪了。站着的大象发出哀号。我也扣动扳机，它终于一头栽倒。另一头大象还站着，我又开了一枪，它也栽倒了。两头庞然大物倒在血泊里。安巴和赞帕已经走上前去，用锋利的大砍刀砍着半人粗的象鼻，大象还有呼吸。我们站在旁边检查枪支，讨论接下来该怎么办。鲜血像喷泉一样从动脉喷射到我们的衣服上。[51]

随着狩猎的进行，人们对可怕细节的迷恋也在继续。多米尼克之后碰到了一头母象带着一头小象。文字形象地描述道，他朝母象开了几枪后，母象因左眼中枪而亡。小象被拴在树上，它“鼓起血红的眼睛，用小长牙掀起泥土，不停地低嚎，疯狂地口吐泡沫”。[52]

其他小象很快也被抓到了。一头小象的鼻子被拉到前腿中间，跟后腿一块绑住，“呼吸困难，像一个灰色大麻袋一样躺在地上”，最后窒息而死。[53] 另一头小象因伤势过重于当天夜里死了。但是，多米尼克还是从象群里抓到了两头活小象，后来又抓到3头。一个月后死了两头，但是剩下的3头小象在新环境中茁壮成长，其中一头后来被哈根贝克送去了柏林动物园。成千上万的柏林人慕名而来，排队观看从殖民地获得的最新动物。[54]

在1887年出版的哈根贝克传记里，作者海因里希·洛伊特曼对捕猎动物造成的破坏直言不讳。他说："用动物贸易商哈根贝克的商业眼光来看，捕猎方式无关紧要。对他而言，最重要的是动物抵达时要健康、要装得好好的。"就像洛伊特曼所说的，动物捕手主要关注的并不是遵守狩猎的既定规则，而是如何快速高效地做成生意。因此，捕猎动物的过程很少涉及人与动物为了"荣誉"而进行的仪式化战斗，而都是围绕很实际的问题，如怎样做才能便于照护和运输。捕手往往用最简单的方式解决掉成年动物、抓住小动物。洛伊特曼这样写道：

> 母狮被杀死后，小狮子无一例外地被抓了起来。老虎也是如此。因为要是用陷阱和坑去捕猎成年虎的话，它们力量太大，难以驯服，而且往往会在挣扎中死去……此外，猎人也只能杀死体形更大的母猿之后再逮捕它们的幼崽。几乎所有动物都是如此。在这个过程中，长颈鹿和羚羊在

遭到捕杀时会抛弃身后的幼崽，而母象往往会保护小象，因此必须先杀死母象，河马也是如此……犀牛也是这样，成年犀牛被杀死后，小犀牛才会被捕。[55]

这里要表达的是，从有效捕猎大象的一般方法而言，多米尼克的方法似乎很容易被预测。虽然这类捕猎方式相对血腥，但我们不用感到很惊讶。尽管我们需要对其感到惊讶。多米尼克的叙述跟下文要提到的故事形成鲜明对比的，是多米尼克本人沉湎于他与大象相遇时的可怕细节。例如，他描述自己在杀死最开始的两头大象后，站在血泊中检查枪支的情形。他如此专注和沉迷于描绘血液和死亡，这表明捕猎大象或许是次要的，事实上，多米尼克的故事核心是杀戮与权力的炫耀。

从这方面来看，多米尼克的叙述跟同时期的一系列捕猎故事形成了呼应。汉斯·赫尔曼·朔姆布尔克 1910 年的《非洲腹地野生动物和野人》(*Wildlife and savages in the heart of Africa*)就是一篇典型文章。朔姆布尔克在文章中描述了自己作为一名职业象牙猎人以及后来成为哈根贝克的动物捕手的生活经历。1898 年，他抵达非洲南部，名义上是为了开办一家农场。在几次前往内陆探险并在纳塔尔骑警队短暂服役后，朔姆布尔克前往北方。1906 年秋天，为了赚钱，他成为一名职业象牙猎人。非洲令他痴迷，他喜欢待在丛林里。但是，这名年轻的探索者需要找到生计。猎象能为他提供足够收入支持他在探险、运动和自然历史方面的兴趣（图 16）。在他的冒险故事中——就像本章里的其他人物故事——朔姆布尔克塑造了自身的人格。他把自己描述为一个大胆、富有冒险精神的年轻人。当然，里面有夸张的成分。但在引言部分，朔姆布尔克显得格外谨慎，担心人们批判他杀死了不计其数的大象。他简单地回应道："没有任何人资助我的旅行，如果要指责我杀死了许多大象，那么我必须承认自己有罪。但同时，我可以安慰自己，我总是照规矩狩猎，很少有例外，我从不猎杀母象。"[56]可实际上，朔姆布尔克最开始猎杀的两头大象都是母象。但是他本人掩饰了这一细节："我坐在自己刚猎杀的大象身上，内心的自豪感无法用言语形容。"[57]在狩猎象牙长达一年半之后，朔姆布尔克从顶尖猎手卡尔·席林斯的身上获得了启发，后者曾几次尝试在德属东非抓捕活小象。在经历几次失败后，朔姆布尔克终于捕捉到了理想的小象。1908 年 4 月 21 日，他看见一小群象，并在母象中发现了一头小象。这位雄心勃勃的猎人追踪了 3 天，然后意外地在草丛中碰到了这两头象。很快，母象——"一头巨大的、没有长牙的动物"——向猎人猛冲过来，猎人"幸运地击中了象鼻鼻根"。[58]朔姆布尔克继续写道："它向后倒地，我趁机快速闪躲到一旁，又开了致命一枪，它立即

图 16　猎象人朔姆布尔克，选自《非洲腹地野生动物和野人》。

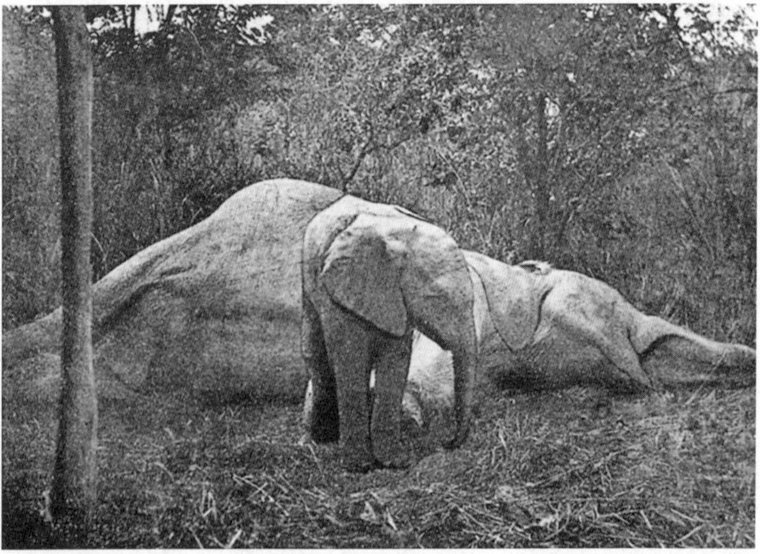

图 17　出于天性，小象继续站在母象身边。

毙命了。出于天性，小象继续站在母象身边……直到我的帮手到来，我一直在观察那头可怜的小象，它不停地围着母象奔跑，用鼻子拱着母象，似乎想让妈妈苏醒过来，一起逃跑。”[59]

在回忆录中，朔姆布尔克放了一张小象站在死去的母象前的照片，并配上文字——“出于天性，小象继续站在母象身边”（图 17）。[60] 当然，杀死母象只是朔姆布尔克抓捕任务的开始，很快，小象就被控制住了。没过多久，小象就对朔姆布尔克和他的同伙产生了依恋。小象能够正常饮食，最终喝起了瓶子里的牛奶。8 月中旬，也就是小象被捕的 4 个月后，朔姆布尔克启程前往沿海地带。小象的脚有问题，因而行进速度缓慢，车队不得不在特林加歇了 11 天。9 月中旬，朔姆布尔克的队伍抵达莫罗戈罗，他和小象在当地引起了轰动，随后他们一行从莫罗戈罗坐火车抵达达累斯萨拉姆。小象身上挂着宣传招牌，四处宣传着即将举办的音乐会和其他有新闻价值的活动，从而名声大噪。尽管德国动物园园长路德维希·黑克曾向卡尔·席林斯表示，当第一头德属东非象抵达柏林时，应当举办隆重的庆祝活动。但是据朔姆布尔克称，黑克在收到出售小象的电报后并没有作出回复。反而是哈根贝克家族的收藏家克里斯托夫·舒尔茨在看到小象后买下了它，并送去了斯特灵根。[61] 朔姆布尔克写道：“1910 年 4 月 5 日，我在德国碰到了它。它现在住在卡尔·哈根贝克的动物园，我经常去看它。欧洲就是这样获得了来自东非的第一头象。”[62]

多米尼克和朔姆布尔克的经历传达了一种保守的中心观点——这些狩猎故事的重点是杀戮、炫耀勇气、坐在死象身上和站在血泊里。朔姆布尔克在描述自己的职业生涯时写道：“无论人们有何信仰，跟愤怒的公象在茂密的灌木丛或草丛里战斗都需要极大的勇气。我曾 3 次被大象压在身下，一次被大象扔到空中，还有一次，一头大象踩踏并撕咬了我的搬运工。在经历了所有这些惊险时刻后，我还能活下来，实属幸运。”[63] 朔姆布尔克喜欢描述自然的冷漠，在他看来，动物个体的死亡本质上是无意义的，只有兽群的存在才有意义。[64] 他在书中反复赞扬那些冒着生命危险追逐最危险猎物的伟大猎人无人赏识的勇气。[65]

朔姆布尔克早期形象化的写作风格独具一格，描述捕猎动物的文字几乎无法被模仿。[66] 后来的捕手无法想象像朔姆布尔克那样骑着自行车停在死象身上的场面（图 18）。但就在几年之后，朔姆布尔克本人都不敢想象了。实际上，在描述捕猎动物时，他必须避免使用一些“不必要的”“轻率的”杀戮词汇，这对从业者而言已经是常识。1902 年，时任布朗克斯动物园园长威廉 · 霍纳迪（William Hornaday）在采购一头小犀牛的商业谈判中，就曾要求哈根贝克在谈论捕猎动物

图 18　朔姆布尔克在死去的大象身上骑着自行车。

的场景时保持谨慎。霍纳迪写道：

> 我对您信中描述的抓捕犀牛的场面十分感兴趣，但是我们必须缄口不提抓捕 4 头小犀牛时杀死的 40 头大犀牛。如果这个消息被报纸披露的话，无论是在这里还是在伦敦，都会有人谴责捕猎野外动物以举办展览这整个生意。现在有很多古怪的人十分敏感，认为捕猎野生动物举办展览是错误的行径——即使会给数百万人带来好处。在我看来，虽然我们对印度大犀牛的死亡感到痛惜，但是那 3 头活下来的小犀牛给世界带来的好处要远超 40 头大犀牛。那些大犀牛只会在尼泊尔的丛林里乱跑，偶尔被几个无知的当地人看到。[67]

与多米尼克和朔姆布尔克不同，霍纳迪在写给哈根贝克的信里明确表达了他对于被屠杀动物的不幸遭遇有一定敏感性。但是，他们仍有很多相似之处。他们本质上都把动物、人和更大的领土属地环境整合为对殖民国家具有重要价值的物品。因此，霍纳迪在为动物捕猎行为辩护时表示，被捕犀牛“让世界受益”的程度远超在丛林里狂奔的 40 头成年犀牛。

诸如此类的观点助长了从业者的残酷和捕手本人近乎暴

虐的行为。在谈到自己手下的喀麦隆人时，多米尼克称：“他们必须知道，我是他们的主人，比他们更强大。要是他们不信，我就必须让他们感受到。我的意思是，必须用残酷无情的方式，这样他们就不敢一直反抗了。”[68]通常，在跟多米尼克签订和平协议时，“被解放的”村庄要上贡货物和男人，男人被镣铐锁着，干一些搬运和种植的活儿。多米尼克那些年从喀麦隆强迫成百上千名劳工前往种植园和工厂的行为相当典型，包括从人质里选出劳工，鞭打和射杀不听话的工人。[69]在这个环境中，殴打和用镣铐锁住工人并不会被视为特别出格或野蛮的行为，而是适当和必要的行为，因为只有这样才能让“当地人”老实干活。1904 年，喀麦隆的一名种植园主在德国的家里简单地回应了批评：“我们不能忘记，殖民主义的政治就是服从的政治，我们是侵略者，为了德国的利益，我们要为这片土地带去文明和发展。我们要让当地人按照我们的目的开发土地。我们要强迫当地人为殖民地的文化发展而工作。他们必须这样做，否则殖民地只会维持我们占领时的原状。”[70]

我们必须意识到，无论人们把这一时期动物捕手的壮举描述得多么浪漫和冒险，大多数情况下，在涉及动物、人和环境的问题中，这门生意都有残忍的一面，而这几乎是贸易的必要组成部分。动物贸易是个劳动密集型行业，跟大多数殖民地产业（如烟草、咖啡、可可、硝石、橡胶、象牙、热带木材、棕榈坚果和棕榈油）一样，需要依靠强迫劳动，对土地的使用极具破坏性。从这方面来讲，多米尼克的行为并不罕见。随着国内大众对使用武力制服殖民地人民的行为越来越感到不适，[71] 很少有作者在描述自己捕猎动物的冒险时，除了强调自己跟“懒惰”“不合作”的“野蛮人”密切配合，再详述自己对付当地居民的行为。[72] 然而，有些文字还是会透露出他们是如何殴打当地劳工的。例如,《纽约时报》和《纽约动物学学会简报》刊登了朔姆布尔克本人写的在 1911 年至 1912 年为卡尔·哈根贝克抓捕倭河马的经历，里面反复提及殴打、鞭打工人的场面，还有为了找到更多工人搬运珍贵货物而用枪指着一名工头的画面。[73] 故事一开始，他写道：“我认为是时候教训教训我的搬运工了。我们已经远离文明社会，不用担心他们会逃跑。我早上叫小伙子们开工时，没有一个人到场。所以我叫来工头，小声问他，小伙子们是不是在打包货物。他回答说没有，他们还不想开工。我不再作声，拿出我的勃朗宁手枪，朝他们住的棚屋屋顶开了 7 枪——他们马上就出来了！从这一刻开始，我控制住了局面。我从人群中选出一个块头最大、最懒的人，把他痛打一顿，之后就再也没有碰到过麻烦。但是，当他第二次前往内陆捕猎倭河马时，麻烦又来了。”朔姆布尔克称，他遭到了“公开叛变”。他是这样应对的：“我把手枪放进口袋，拿出狩猎用的鞭子，走到他们当中。啪的一下，鞭子抽打在赤身的小伙子身上，顿时皮开肉绽。有几次，我直接打在了那些人的肩膀和下巴上。我还没反应过来，他们就像羊群一样四散开来。这次叛变的结果是，我停了他们 3 天的口粮和一个月的杜松子酒。”[74]

但是，正如那段时期殖民地冷酷无情的统治开始在国内遭到批评一样，在殖民地工作的动物捕手采用的不人道手段也遭到了批评。一方面，这些批评体现为诸如上文中霍纳迪产生的感性观点；另一方面，对动物的伤感情绪催生了多种现象，如史黛芙毛绒动物玩具生意的发展，以及 19 世纪末 20 世纪初在美国文学界围绕动物故事真实性展开的“自然骗徒”（nature fakers）* 之争。[75] 其他批评家也随之涌现，他们的观点往往出人意料。例如，理查德·迈纳茨哈根（Richard Meinertzhagen）是一名野外狩猎者、博物学家和英国驻肯尼亚殖民军队的成员，他无法接受为动物园捕猎动物的行为，认为这个过程缺乏“精神”。他认为，狩猎商业化是导致非洲动物数量出现断崖式下降的罪魁祸首，

* 在当时，随着人们对自然和野生动物的兴趣增加，以动物为主角的故事变得流行。一些作家在描写动物时赋予了它们人类的情感和理性，这类作家被称为“自然骗徒”，他们的写法受到了一些人的批评。

最可怕的商业活动便是交易活生生的动物。“我全力反对为动物园捕猎野生动物，谴责他们将动物终身囚禁在肮脏的环境中”，迈纳茨哈根写道：“我见证过捕猎活动，可以证明这个过程中的死亡率很高，为了猎捕幼崽而射杀母兽，动物在运输过程中死亡，以及捕猎者残酷冷血的本性。”[76]动物园从业者也开始揭露动物捕猎商业化的负面影响。例如，维也纳动物园园长弗里德里希·克瑙尔在“一战”爆发前夕曾告诫同行：“很明显，高价购买珍稀动物刺激了职业动物捕手和贸易商全力以赴。如果动物园对活的麝牛的需求没有那么旺盛，挪威的渔民就不会跑去格陵兰岛东海岸寻找和屠杀麝牛，导致麝牛如今濒临灭绝。1900年，丹麦派往格陵兰岛的探险队必须杀死28头成年麝牛，哥本哈根动物园才能得到一头活着的小麝牛……其他珍稀动物也是如此——我们只要想想白尾角马、澳大利亚远古动物群、加拉帕戈斯群岛的巨龟和天堂鸟就能明白。”[77]这份声明部分是为了回应公众对动物捕猎行业日益增长的批评，部分是为了迎合哈根贝克试图改变自己公司形象的做法。多米尼克和朔姆布尔克的英雄事迹逐渐被取代，人们开始强调哈根贝克的新式职业捕手（如克里斯托夫·舒尔茨）更加“文明”的狩猎方法。

专业捕手

在关于哈根贝克动物捕手的故事中，最能体现 20 世纪最初 10 年狩猎特色的，也许是克里斯托夫·舒尔茨 1922 年出版的《为哈根贝克抓捕大猎物：非洲丛林里的个人体验》（*Catching big game for Hagenbeck: Personal experiences from the African bush*）一书。这本书讲述了舒尔茨“一战”前在德属东非的多年经历。[78] 爱德华·艾尔文（Eduard Elven）为书作序，指出了这本书的主要卖点。艾尔文在非洲认识了舒尔茨，后来在马耳他，两人同时成为战俘。艾尔文将这本书与描述东非动物狩猎的其他文学作品进行对比后得出结论：本书很独特，因为尽管追逐动物是一个重要元素，但是让动物活下去才是舒尔茨的主要目的。艾尔文提到，本书聚焦“动物捕手的痛苦与欢乐，他在大草原上的生活和运送动物的历程，以及他在荒野之中捕猎作为动物园装饰品的动物的方式”。[79]

对于那些熟悉这一时期狩猎文学的人而言，这本书中的内容不足为奇。实际上，它是一本编辑过的田野日志。书中没有情节，舒尔茨采取了一种特殊体裁，把这些田野日志按照动物类型编成了一系列冒险故事——狩猎野牛、长颈鹿、斑马和狮子的故事。书中提供了大量地理信息细节，对动物生活的观察采用了自然的、以事实为依据的写法，自始至终都突出了保证被捕动物的生命安全这一主题。总体而言，这本书跟当时流行的旅行书籍有很多相似之处，把读者带到了一片既陌生又熟悉的土地。讲述了异域动物和人的互动，更关注细节和问题的解决，而不是戏剧性场面。[80]

舒尔茨既不像英勇的猎人汉斯·朔姆布尔克，总能在最后时刻朝扑过来的熊开上致命一枪，也不像卡萨诺瓦和努比亚车队的故事那样，将捕猎动物的故事设定为一系列令人兴奋的致命冒险。舒尔茨对描述充满危险和死亡的生活不感兴趣。朔姆布尔克这位职业猎人用一张小象站在死去母象旁的照片讲述了捕猎东非小象的著名故事，但舒尔茨却在书里描写自己的妻子，他妻子帮忙照顾哈根贝克 - 舒尔茨农场里的动物。实际上，不仅是农场，舒尔茨和哈根贝克后来开始考虑将这处农场用作保护区。哈根贝克在写给威廉·霍纳迪的一封信里谈到了霍纳迪新出版的《我们即将消失的野生动物》（*Our Vanishing Wildlife*）一书，哈根贝克写道："书中的观点是对的，动物遭到了灭绝。我反对这种做法，我并不是孤军奋战，有越来越多的朋友愿意帮助我。我在德属东非地区制定了十分严格的限制措施，我从政府手里拿到了 10 万英亩土地作为野生动物保护区，我想你会对此感兴趣。"[81] 舒尔茨将成年斑马关进畜栏，用索套套住小长颈鹿。他和妻子在农场里安顿下来，饲养动物、照顾动物，并把它们运往欧洲。他的妻子伊丽莎白这样

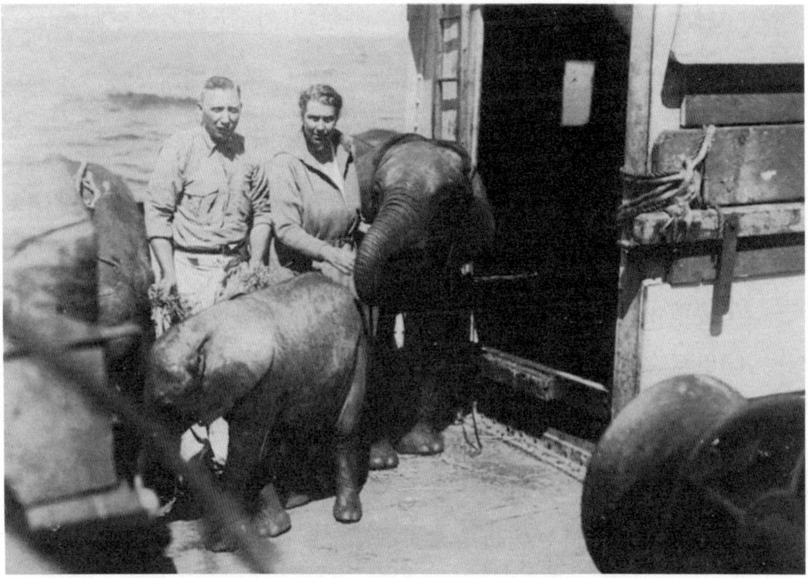

图 19　克里斯托夫·舒尔茨和妻子伊丽莎白，约 1930 年。

的人物在此类作品中通常极少出现。当他外出考察时，伊丽莎白就在家喂养和照料动物们。舒尔茨写道，他发现“妻子在自己离开期间悉心地照料动物，从不以不方便或有其他工作为由退缩”。他继续写道：“我在饲养动物方面取得了巨大成功，我能把第一批活生生的、健康的长颈鹿、大羚羊、大角斑羚、土豚和东非其他具有代表性的动物带到德国，多半要归功于她。”[82]在追赶一头小犀牛时，舒尔茨试图让猎犬把小犀牛跟大犀牛分开，而不是直接杀死犀牛妈妈。在抓捕河马时，舒尔茨没有朝大河马开枪，而是挖了特殊陷阱专门抓捕小河马。舒尔茨对常规狩猎里的兴奋和喜悦毫无兴趣，这并不奇怪。他写道：“对我而言，没有比观察野生动物、抓住未受伤的鲜活小动物和照顾它们更能让我感到喜悦了。这样它们就能在动物园里尽可能地待更长时间，推动科学和大众教育的进步。”[83]

在阅读舒尔茨的作品时，人们的普遍印象是虽然捕猎动物曾经是一门残忍冷酷的生意，欧洲人只想获取最大利益，但是现在，控制贸易的是文明的捕手和商人。这些新捕手是真的了解动物的需求，他们珍惜动物，他们捕猎动物的主要原因是想让国内公众了解世界上的生物有多么了不起！他们的狩猎不仅为了获得成就感，而是因为圈养的鲜活动物能向世界展示人类珍惜和保护所有动物的行为。当然，1908年，当舒尔茨前往非洲为卡尔·哈根贝克工作时，这家公司已经认为自己在保护动物方面取得了长足进步。实际上，正如后文所述，哈根贝克在德国的动物园跟非洲的哈根贝克-舒尔茨农场或“动物保护区”形成了某种呼应：它们都被善良的哈根贝克塑造成为动物可以安全生活的地方，免遭人类狩猎，不必为生存而斗争。

舒尔茨和哈根贝克试图将自己塑造成“动物之友”，强调文明的进步和捕猎动物的改进，强调人类与动物之间在隐喻和字面意思上形成的“家庭”结构。在动物园的哈根贝克纪念馆里有这样一幅肖像：哈根贝克站在他最爱的母狮泰瑞丝身旁，用手抚摸着它。哈根贝克有一次例行检查狮子窝，这群危险的猫科动物突然朝他扑来，泰瑞丝为了保护主人挺身而出。正如哈根贝克的助手路德维希·祖科夫斯基所言：“哈根贝克在谈到他的那头狮子时十分动情，狮子像狗一样对他忠诚……当这头忠诚的狮子躺在他的脚下，不是一个奴隶，而像是朋友，哈根贝克从未在他的动物之中如此威风过。”[84] 在哈根贝克的墓前，泰瑞丝横躺在那里，是忠诚和爱的象征。

但是，哈根贝克的这个新形象存在一个基本问题，那就是公司仍然很难以动物保护者的身份示人，因为公司的业务是捕猎和销售动物。1893 年的一幅漫画里也提到了这点：一辆马车在丛林里缓缓前行，两只鸵鸟把头埋在地里，动物们见状纷纷逃离，大声喊着：“哈根贝克来了！”（图 20）。这

图 20　汉斯·奥伯兰德，“哈根贝克来了！”1893 年。

幅漫画想达到幽默效果。看到漫画中的动物，大多数现代人可能会认为这幅画很有趣。同时，这幅画的讽刺意义——对诺亚方舟主题的俏皮反转——也被大众所熟知。哈根贝克和他的捕手回应的正是这类批判。实际上，在19世纪90年代和20世纪最初10年，我们可以看到，哈根贝克的公司一直在设法展示良好的公众形象，而这一形象却因为公司生意的性质变得更加复杂。我们可以从哈根贝克和他的海象照片中看出这种复杂局面，此类照片多年来曾被反复用来展示哈根贝克对动物的爱。画面中，海象包围了年迈的哈根贝克，等待他的投喂，一旁的观众看得入迷（图21）。据动物园的一位科学助理回忆："哈根贝克可以跟这些可爱的小海象玩上几个小时，游客可以目睹这位汉萨*商人内心深处对动物的爱。他用手抚摸着小海象粗糙的皮，夸赞它们，给它们吃食，小海象们则依偎在他身旁。"[85]

哈根贝克在自己的回忆录里简要解释了捕猎幼兽时采用的方法："为了抓住幼兽，往往要杀死母兽。动物园里的一只动物就是这么抓住的——将死去的母兽拉到船边，周围一片死寂，幼兽来了，爬到妈妈的背上。这时，抓捕那个

---

* 汉萨即汉萨同盟（Hanseatic League），德意志北部城市之间形成的商业、政治联盟，13世纪逐渐形成，17世纪时解体。汉萨同盟商人以商业成功、具备经济实力和重视品质和信誉而闻名。

图 21　在哈根贝克动物园里，卡尔·哈根贝克跟海象在一起，约 1908 年。

无助的小动物自然就很简单了。”哈根贝克写道：“为了抓住最近运往动物园的5头小海象，有68头成年海象被杀。”[86] 在某种程度上而言，被捕的小海象也只是商业海象狩猎的副产品——68头海象显然不全是因为幼崽才被杀的——公司仍然很难将自己跟商业力量、强权政治和死亡分离开来。

英雄捕手时代落幕

所有这些观点，都在一部关于哈根贝克动物捕手的著作——威廉·蒙内克（Wilhelm Munnecke）的《丛林中的哈根贝克》（*With Hagenbeck in the jungle*）里体现得淋漓尽致。该书讲述了卡尔·哈根贝克同父异母的兄弟约翰的冒险生活。在书中的照片中，这个男人穿着舒服的工作服，戴着一副夹鼻眼镜。1884年，大约18岁的约翰·哈根贝克第一次前往东方，为了给他哥哥组织一场土著人展览，之后他又去了很多地方。19世纪80年代末，约翰定居科伦坡。“一战”初期，他已经成为一位成功的企业家，通过种植椰子、橡胶和可可，以及在印度、苏门答腊岛、爪哇岛和锡兰捕猎动物攫取了大量财富。[87] 约翰·哈根贝克出版了几本关于自己旅行和冒险经历的书，在他死后，后人也在陆续出版他的著作。[88] 蒙内克的书于1931年出版，聚焦于“一战”前，尽管他声称这是一本记录著名动物捕手真实事迹的著作，但其中仍带有几分虚构成分。该书几乎没有时间线（蒙内克提供的一些日期往往很模糊），[89] 描述的主要人物和事件似乎只是对真实情景的演绎，更像是一本历史小说，而不是某人野外经历的回忆录或纪实。

书中一开始，蒙内克描述了中午时分的炙热丛林里令人窒息的寂静，所有生物都在树荫下乘凉。他写道：“茂密的、齐人高的草丛显示出勃勃生机，一排排细长的竹子像长矛一样拔地而起，直指苍穹，密集的方阵保护着宽广而泥泞的原始森林。”[90] 一头公象在挑战头象地位时失败了，惨遭驱逐。它穿过茂密的竹林，成了蒙内克笔下丛林里最令人恐惧的“捣蛋鬼”。这头象冲进村庄，“居民的棚屋在棕榈树的保护下，平静地伫立在木桩上。小孩子光着身子跟毛发乱蓬蓬的狗玩耍，没有任何东西可以打破这片祥和景象”。[91] 但一阵惊恐过后，棚屋被压垮，孩子受伤了。最后，唯一能阻止这头发疯的大象的，是一位未透露姓名的欧洲人——约翰·哈根贝克——和他的枪。蒙内克描述了这场终极对抗：

> “捣蛋鬼”气势汹汹地甩着鼻子，发疯似的跑出森林，静静地站在道路中央。
>
> 只听见“砰”一声，枪响了。

空荡的回音仍然萦绕在耳旁，这头庞然大物双膝跪地向前轰然倒下。它费力发出刺耳的呼吸声，将锋利的长牙插进地里，稳定了几秒钟，靠着后腿和长牙再次站了起来。

接着，第二枪射进了它耳后的巨大颅骨中，大象终于无声地栽倒在一旁。[92]

“废黜丛林暴君”是蒙内克作品中反复出现的主题。他用上帝视角来讲述这些故事，追踪动物至丛林，描述它们眼中的世界。他聚焦于丛林动物生活中的戏剧性场面，以及欧洲猎人在这些场面中的位置。人们可以从蒙内克的这部作品里得出一个普遍认识：事物表象很少能反映事物真相，暴力和死亡总是如影随形，欧洲人既是丛林的拯救者，又是丛林的毁灭者。

在讲完大象的故事后，蒙内克终于向我们介绍了约翰·哈根贝克。他是个“大块头的欧洲人”，追踪到了母老虎的兽穴。在哈根贝克的书中，当看见母老虎离开兽穴后，他对同伴说的第一句话就是“别开枪，无论如何别开枪！”他警告道：“不准无缘无故杀戮动物。”[93]当同伴确认母老虎已经不在附近后，他们才向兽穴靠近。哈根贝克派人去抓小老虎：“那人悄悄地钻进逐渐开阔的通道，一束朦胧的光射进黑洞里，在地上形成移动的斑点。他很快就投入工作中，带着战利品爬了出来，而后迅速返回。他又钻进黑暗的通道里，抓住了呜咽的、挣扎的小老虎。兽穴就这样空空如也了。”[94]猎人把小老虎藏在衣服里，匆匆赶回营地。哈根贝克从隔壁村庄里为刚刚抓获的小老虎弄来牛奶。劳作了一天后，猎人们高兴地吃着东西，然后都睡着了。

蒙内克接着写道：“但是，在兽穴之上，一头母老虎在疯狂咆哮，它的3个孩子被人类用残忍手段拐走了。它从未做过任何伤害人类的事情，一旦嗅到人类的气味，它就躲得远远的。而这些人却用邪恶的精密新式武器攻击、折磨、囚禁、诱拐动物，像懦夫一样在背后杀害动物。”[95]意识到孩子出事之后，这头母老虎动身去报复。最终，在观察了整整一夜人类点起的篝火后，它冲了过去。狂怒之下，它袭击并杀死了一匹马厩里的马。这匹马是荷兰测量员的，当时他正在丛林里架电话线。这里，蒙内克再度影射了“文明”的力量潜入自然世界的现象，描述了这位测量员“拉动那根细长的电线，将丛林深处与文明连接起来”。[96]当母老虎第二天晚上返回现场吃那匹马时，测量员射杀了这位母亲。第二天，母老虎的尸体被绑在竹竿上抬回村庄，所有人都感到喜悦和宽慰。后来，哈根贝克养育了小老虎，把它们培养成了马戏团的表演者。[97]

蒙内克描述“母老虎”之死时的不安情绪，在《丛林中的哈根贝克》一书中反复出现，我们目睹了被哈根贝克捕获并带到欧洲的动物的痛苦和困惑，实际上，我们也目睹了丛林本身的缓慢而痛苦的死亡。尽管这本书表面上在讲述动物捕手约翰·哈根贝克的英雄故事，但实际上更侧重于讲述动物的死亡和痛苦。如果该书前半部分是由一头必须被哈根贝克杀死的发疯的大象开启的，那么后半部分——聚焦于哈根贝克在锡兰的冒险——则是以另一头老象为开端。描述了一头孤独的老象在人类的视野之外经历了漫长而痛苦的死亡。

几周以来，这头老象都在寻找象群，它的象鼻拖在地上，5 英尺长的象牙让头部疲惫不堪。象鼻偶尔能迸发出活力，但很快就变得死气沉沉。它虽然竭尽全力想吃树叶，但是日子一天天过去，它变得越发虚弱和饥饿。作者解释道："饥饿逐渐战胜了这个老家伙，它不再愤怒、不再抱怨，它只需要一片荫凉，免受太阳的炙烤。"但是，连小池塘都无法缓解它的疼痛了，因为它的象鼻已经毫无生气。"它独自走在丛林道路上，被同伴抛弃，不再具备强大的力量——这就是老家伙的下场。"

一天夜里，湖面吹来一阵凉风。当时，这头大象正静静地站在树林里大口呼吸。察觉到附近有一个湖泊后，它开始缓慢地向湖泊走去。作者这样描述："它迫使自己巨大的身体穿过湖边茂密的树篱，笨重地涉水而过。宽大的脚陷入湖底的淤泥里，嘴接触到了水，水！终于有水喝了！就像是在祈祷仪式上，它虔诚地闭上眼睛，喝起了水，大口大口拼命地喝。"喝饱之后，这头老象并没有离开，而是静静地站着，听着“甜蜜、慈爱、诱人”的声音。这头老象的生命在慢慢消逝：

> 对它而言，生命变得简单而梦幻。象群如波浪般在它身边经过。它跟象群一起奔跑，一起战斗。热血再次翻涌起来，它把象鼻甩出水面——风吹进了象鼻里。
>
> 它的生命慢慢消逝，它拼尽力气发出最后一声怒吼。然后沉入湖底。[98]

蒙内克的故事里有一种浪漫色彩，即丛林的本质是被悲剧包围的，进入原始森林里的“文明”不可避免地带有破坏性。因此，虽然丛林的某些方面已经被约翰·哈根贝克的力量解放（例如，他杀死了“捣蛋鬼”），但就像那头奄奄一息的老象一样，丛林本身也在消逝。

《丛林中的哈根贝克》这本书讲述了文明到来之后动物死亡的故事。但是，它们的死亡并不都与英勇或正义有关。例如，有一次在抓捕猩猩时，两只成年猩猩被捕后陷入恐惧和痛苦，它们的孩子“被压在了一根树枝下面”，两只存活的猩猩很快就因为悲伤过度而死亡。[99]从某种意义上讲，蒙内克笔下的英雄人物体现了哈根贝克动物捕手发展史上最后一个阶段的特点。从卡萨诺瓦和门格斯到朔姆布尔克和舒尔茨，再到故事化的“约翰·哈根贝克”，从他们身上我们可以追溯现代动物捕手的发展历程。当我们读到蒙内克笔下的“英雄”时，动物捕手的任务已经变得越来越不明确。捕猎动物的描写焦点已经从捕手转移到了动物本身，捕猎动物既是英雄捕手的功劳，也是出于文明、科学、教育和娱乐的需要。

那么，卡夫卡短篇小说里的类人猿红彼得又是什么情况呢？由于在被捕过程中中枪，直到在哈根贝克轮船船舱里醒来，他才恢复意识。他解释道：“我的祖籍在黄金海岸。至于捕捉到我的全部过程我都是后来听人说的。那是一天傍晚，我们一群猿猴到河边饮水，当时哈根贝克公司的一个狩猎队恰好埋伏在岸边的丛林里——顺便说一句，后来我和公司的头儿一起喝过许多瓶红葡萄酒——他们开枪了，我是唯一被击中的猿猴，身中两弹。”红彼得中枪了，一枪在脸上，留下了一道红色伤疤，这也是他名字的由来；另一枪打在“屁股下面”。尽管媒体一直在批评他的行为，但是红彼得依然乐于向公众展示自己的第二处伤疤，坚称除了“恶意的枪击留下的伤疤”，没有什么不寻常的东西。[100]红彼得渴望向观众展示第二处枪伤的位置，这提醒我们注意：不管事实有多么残忍，不管穿越大西洋的“中间通道”有多残忍，最终，展览让他的被捕变得有意义。因此，红彼得在评论自己的被捕经历时，必然要评论自己作为文明世界中的一件展品和一个艺术家的经历。我们会发现，如果说“哈根贝克来了！”这个表达在哈根贝克的动物捕猎生意中具有某种意义的话，那么对于红彼得和其他展览中的动物来说，它的意义则截然不同。

第三章 “绝妙的动物”：展示人类

尽管哈根贝克的名字最开始在动物捕手、买家和其他贸易商中间流行，但是很快，他的名字就进入了全球人民的视野。人们蜂拥而至，争相参观他的捕猎成果——异域动物和异邦人士。尽管哈根贝克的动物生意早在19世纪50年代初就已经全面营业并对公众开放，但是真正让哈根贝克的名声传出汉堡的，还是流动式土著人展览。哈根贝克于19世纪70年代中期开展的人物展览使他彻底变成家喻户晓的人物。随着哈根贝克将展览人物获得的经验应用到后来的动物展览中，他的名声越来越显赫。人物展览似乎令大多数观众感到茫然。有人认为这些展览十分令人不安，有人认为这些展览多少带有幽默成分，还有人认为它们就像是19世纪末的古怪奇观，既阴暗，又天真到怪异。哈根贝克的公司似乎有些尴尬，他们坚称公众一旦了解了展览的历史背景，就会明白这些展览几乎不存在令人不安的问题。正如我们要看到的，这些展览的深远意义从未得到充分认识。

大自然生命的真实写照

卡尔·哈根贝克在回忆录里提到，19世纪70年代中期，他的动物生意增速开始大幅放缓。尽管动物园的数量与规模几乎年年都在增长，但他表示，贸易商数量的增长导致了竞争加剧（既抬高了动物的获取成本，又增加了市场中的动物数量），再加上动物园里的动物存活率越来越高，导致了动物“供应过剩”，价格下跌。哈根贝克在分析破坏生意的因素时，并没有考虑从19世纪70年代中期到19世纪90年代德国和欧洲整体经济状况的下滑趋势，但是我们几乎没有理由去反驳他的观点：他经常被难以甩掉的资产困住，而这些资产又会吞掉其他资产。他的传记作者威廉·费舍尔（Wilhelm Fischer）这样总结道：“正当卡尔·哈根贝克凭借勤奋、能力和慎重成功控制了非洲动物贸易生意时，意外事件和外界环境几乎让这门生意破产。随着贸易商获得动物的成本越来越高，动物在欧洲的价格开始暴跌。考虑到动物生意要承担的极端风险，即使是最冷静的人也会犹豫。正如哈根贝克本人所说，他被迫寻找新的收入来源，以缓解自己的巨大损失，这样才能‘带着荣耀艰难度日’。”[1]

在这种尴尬的财务困境之下，哈根贝克的老朋友海因里希·洛伊特曼提出的一个主意，拯救了公司。当听说卡尔·

哈根贝克要进口大约30头驯鹿卖给一些动物园时，洛伊特曼建议："如果拉普兰人能拖家带口跟驯鹿一起过来，绝对会引起人们极大的兴趣。拉普兰人总会带上自己的帐篷、武器、雪橇和全家人。"[2] 于是，哈根贝克立即联系了他的挪威代理商。1875年9月中旬，一群拉普兰人带着全部家当和一群驯鹿，乘船抵达了汉堡。[3] 据哈根贝克记载，当他一看到这群人时，就知道公司会取得成功。"一共有6个人，给人留下了深刻印象。在甲板上，3个矮小的、穿着黄褐色皮毛衣服的男人昂首站在驯鹿旁。在底层甲板上，我们欣喜地看到一位母亲正在给婴儿喂奶，还有一个长相甜美的4岁小女孩。"[4]

尽管驱赶驯鹿穿过汉堡的大街小巷时遇到了一些困难——当然，这进一步吸引了公众的注意力——但是"拉普兰人展览"很快就在哈根贝克宅邸后院举办了起来。这群来客搭起帐篷、围起驯鹿，继续在这片陌生土地上生活。汉堡人成群结队地到来，哈根贝克立即在宅邸开了另一道门，并雇了保安维持秩序。一想到可以看见一群来自遥远北方的人，一想到他们的行为举止和生活方式都跟欧洲市民们截然不同，人们就激发起了前所未有的好奇心。拉普兰人最简单的活动——但对欧洲人而言也许是最另类的——对观众们具有不可思议的吸引力。哈根贝克无意间进行了一次讽刺的对比，他总结道："每次给驯鹿喂奶，都能唤起观众极大的兴趣。当小个子的拉普兰母亲天真地、不受众人干扰地给孩子喂奶时，也会引起轰动。我们远道而来的客人是天性纯粹的人，对欧洲人过度矫饰的礼貌一无所知，他们在内心深处肯定感到疑惑——他们和他们的简单生活到底有什么吸引人之处？明明这种生活不需要多高超的技能。”[5]几周之内，当“所有汉堡人都参观了我们的拉普兰人之后”，哈根贝克把这组人带到了柏林和莱比锡。但不幸的是，据哈根贝克记载，由于糟糕的天气状况和错误的时机，这趟旅行几乎赔本。[6]但是，首次人物展览的成功足以激励哈根贝克立即计划下一趟旅行了。[7]

他采取的第一步，是给自己在苏丹的动物捕手伯纳德·科恩送去一份合同，让他在下一次运输当中，“组织一些有趣的原住民……把他们带来，并把他们的动物、帐篷、家人和狩猎工具带到德国”。[8]1876年夏天，科恩带来了第二场展览。在哈根贝克的记录里，有两名表演团的成员尤其令人印象深刻。一个是19岁的“大个儿”年轻人，他“真正伤了欧洲女人的心，似乎对面色苍白的女人毫无抵抗力”。还有一个在哈根贝克看来都十分漂亮的年轻女人哈吉德耶，哈根贝克认为，她是人们在欧洲看到的第一位努比亚女性。[9]拉普兰人对付驯鹿的本领令人着迷，苏丹人的展览则重点展示了他们骑马和骑骆驼的技巧，以及苏丹男人的狩猎技能。据哈根贝克介绍:“总体看来，原住民的展览达到了最大的轰动效果。苏丹人保持了他们的野性，与动物、帐篷、家人和狩猎工具一起，向人们展示了一幅极其有趣的苏丹人类学 - 动物学画卷。”[10]

1877 年夏天，哈根贝克邀请这些苏丹人再次造访欧洲，他们在汉堡、杜塞尔多夫、布雷斯劳和巴黎的巡演大获成功。1878 年秋冬季，展览在法兰克福、德累斯顿、伦敦、柏林再次受到青睐，其中柏林的单日观众达到 62000 人。[11] 与此同时，在 1877 年春天，哈根贝克又开始组织新展览，他把一位名叫约翰·阿德里安·雅各布森（Johan Adrian Jacobsen）的挪威年轻人送往格陵兰岛，他后来成了公司展览最重要的幕后推手。在丹麦政府的配合下，雅各布森找到了6个人——一家四口加上两个男人参加这趟旅途，然后把他们带回了汉堡。哈根贝克称，除了“拉雪橇的爱斯基摩犬、帐篷和武器”，雅各布森还带回了“两艘爱斯基摩人狩猎用的皮艇、一艘巨大的‘女人船’——爱斯基摩皮船，以及很多有意思的服饰和器具，如雪刀、捕豹装置和原始武器”。[12]

哈根贝克表示，中欧地区以前从未上演过来自格陵兰岛的人类展览。[13] 该展览的重头戏在于，男人们在皮艇里展示自己的狩猎技能，特别是扶正翻掉的船只。展览跟从前一样取得了巨大成功。但也许更重要的是，展览越来越受到德国学术界的热爱与支持。之前的展览往往在户外和展厅进行，而爱斯基摩人展览的地点则在德国各大动物园，受到了动物学学会和人类学学会的密切关注和热切支持。因此，1878 年 3 月——卡尔·哈根贝克的父亲向兴致盎然的柏林观众展出 6 只海豹的 30 年后——爱斯基摩表演团来到如今的帝国首都。皇帝亲自观看了这场展览，反复欣赏这个小家庭的父亲乌库巴克在水中不断扶正翻了的皮艇的场面。[14]

19 世纪 70 年代末，哈根贝克似乎度过了一段更艰难的岁月。到了 1880 年，由于流动马戏团数量的大规模增长，市场对印度大象的需求呈爆炸式增长，特别是在 P.T. 巴纳姆和亚当·福尔波等马戏团老板的激烈竞争下，极大地推动了哈根贝克公司的发展。仅在 1883 年，哈根贝克就从斯里兰卡进口了大约 67 头大象。除了这些大象，他还为自己的土著人展览招揽了更多观众，展览也越发奢华。锡兰人展览——哈根贝克人物展览的一项新内容（1882 年至 1889 年，至少有 8 组来自斯里兰卡的团体在哈根贝克的带领下在欧洲巡演）——似乎比以前的展览更精彩，每场展览的观众人数能达到 200 人。这些展览跟 10 年前的第一场拉普兰人展览的相似度很低。哈根贝克对 1884 年锡兰人展览的描述展现了人物展览在 10 年间的快速发展。这场展览包含男人、女人和儿童共 67 人，至少 25 头象，既有小象，也有经验丰富的成年大象。据哈根贝克介绍，在这次展览中，他不仅想要展示“生动有趣的锡兰文化”，还要让观众“一窥它的神秘色彩”。在他看来，生动有趣的场景、雄壮的大象（有的装饰着闪闪发光的金色鞍垫，有的驮着货物）、印度的魔术师和杂耍人、戴奇怪面具的驱魔师、用舞蹈唤醒感官的天真舞女以及伟大的宗教游行，所有这些元素都焕发了惊人的魔力，令观众大为震撼。“在维也纳的时候，奥地利皇帝观看了 45 分钟的展览。在维也纳的第一个星期天，由于观众人数太多，售票厅不得不两次关闭。”据哈根贝克介绍，自 1873 年的世界博览会以来，维也纳就不曾拥有过这么多的观众。1886 年在巴黎，锡兰人展览每个星期天平均要接待 5 万到 6 万名观众，两个半月后，累计有大约 100 万人次观看了展览。[17] 短短 10 年间，哈根贝克的人物展览已经从哈根贝克汉堡宅邸后院的小型展览，壮大成为在欧洲主要城市的大型巡演，受到数十万名观众的追捧。

哈根贝克揭示了成千上万名观众对人物展览如此感兴趣的原因。他表示，从一开始，公众就“不仅对这一个展览感兴趣，而是对这类展览感兴趣”。[18] 也许是由于哈根贝克自身坚定信念的强大力量，以及他多年来的持续宣传，“拉普兰人展览是全新事物”这一观念具有强大影响力，且这种影响力一直延续到了 20 世纪。在他的第一场展览过去 10 年后，对于哈根贝克1884年的锡兰人展览，一位评论家写道："根据我们掌握的信息，著名动物贸易商卡尔·哈根贝克的第一次尝试取得了巨大成功。他还组织了大型锡兰人展览，这个夏天正在德国各大城市巡演，已经去过汉堡、杜塞尔多夫、法兰克福和德累斯顿。"[19] 类似地，在拉普兰人展览过去半个多世纪后的1928年，哈根贝克公司的科学助理亚历山大·索科洛夫斯基在讲述公司历史的出版物中表示，尽管在世纪之交，人物展览的数量暴涨，"但卡尔·哈根贝克无疑是向文明世界引进土著人展览的第一人，后来的效仿者无法磨灭他对大众的启蒙"。[20]

尽管索科洛夫斯基有此断言，但在欧洲展览非西方人类的传统要追溯到多个世纪以前。当哈根贝克开始拓展这一理念时，人物展览其实已经在欧洲各大城市频繁上演过几个世纪了。例如，遵循着探险家和征服者的传统，哥伦布在1493年回到西班牙时带回了7名阿拉瓦克印第安人，他表示，从塞维利亚到巴塞罗那，沿途的观众们"似乎认为他带来了另一个星球上的居民"。[21] 正如乌尔斯·比特利（Urs Bitterli）在他关于西方想象中的"野蛮人"的研究中所说，在这个对西非人和摩尔人的出现几乎习以为常的国家，人们——包括国王和王后——首先惊叹于印第安人使用的装饰性羽毛，他们皮肤的颜色和文身，让人联想到马鬃毛的光滑黑头发，以及极具弹性的肌肉。自此之后，来自新大陆的船只经常会带回新的印第安人，仅哥伦布和韦斯普奇的航行就带回了数百人。1534 年，卡蒂埃首次将美洲土著带回法国。到了 16 世纪中叶，印第安人已经成为“剧院和游行队伍的主要吸引物”。[23]16 世纪后半叶，爱斯基摩人开始更频繁地出现在欧洲。他们作为俘虏被带回，部分是为了证明探险家确实发现了新土地，部分是作为胜利者的奖品和研究对象。[24] 马丁·弗罗比舍于 1576 年和 1577 年两次到访巴芬湾，强行带走了 4 名不幸的爱斯基摩人。[25]1578 年，乔治·贝斯特将他们描述为“新猎物”。[26]

在整个 17 世纪和 18 世纪，异邦人士不断涌入。1610 年，尚普兰从圣劳伦斯河探险归来，带回一个叫索维尼翁（Sauvignon）的年轻休伦人，成了巴黎人的谈资。1619 年冬天，波卡洪塔斯（Pocahontas）则成了英国的轰动人物。在 18 世纪的最后几十年里，来自南太平洋的岛民纷纷亮相，其中最著名的是奥迈（Omai）。奥迈是詹姆斯·库克在 1775 年的第二次环球航行中带回来的，很快就成为贵族社会的焦点。他被国王乔治三世接见，并被约书亚·雷诺兹爵士画了下来。[27] 如果说奥迈和索维尼翁似乎与欧洲社会更高阶层的人进行了密切接触，那异邦人士在集市和市场中的频繁出现则使他们与欧洲更广泛的群众产生了接触。除了撒哈拉以南非洲人和北非人、拉普兰人以及其他“旧世界”民族，美洲印第安人、爱斯基摩人、南太平洋岛民和其他来自新大陆的群体在19世纪中期之前都曾在欧洲出现过——远远早于哈根贝克从19世纪70年代开始的人物展览。

尽管如此，哈根贝克还是坚持声称，他的展览代表了一种全新的东西，虽然有许多展览都展示了来自世界各地的“野人”，但他的展览并不是传统意义上的表演或演出。在写到第一次展览时，他坚持认为“来自遥远北方的客人不知道要进行一场表演，并且他们也确实没有任何表演”。相反地，“大篷车就停在公司后面的一块宽敞土地上，完全是露天的，没有艺术作品的场景或背景，我们就是在这里展览的。我们能看到一幅真实图画，尽管是缩影，但却是自然生活的真实写照”。[28]哈根贝克声称，他的展览与其他展览之间的本质区别，在于他的展览没有矫揉造作的假象。正如哈根贝克的早期传记作者海因里希·洛伊特曼在19世纪80年代末所说：“以前的这种展览要么是可鄙的游乐场骗局，要么是片面和虚假的，不值得一看。一切成功的东西都会被模仿和滥用，人们在某些情况下甚至不避讳实际的欺骗。”[29]

尽管哈根贝克和洛伊特曼都声称他们的展览与众不同，但有时还是很难区分这些展览之间的区别。在哈根贝克的第一批拉普兰人抵达汉堡的8个月前，另一批拉普兰人正在欧洲的一些大城市展出。[30]1875 年 1 月 15 日，保守派柏林日报《新普鲁士报》上刊登了这次展览的广告。广告用大号字体宣称："第一个拉普兰人——北极人——带着他们的驯鹿、雪橇犬和许多原始物件出现在北极剧场。"根据该广告，与之前在欧洲巡回展出的许多人物表演不同，这次展览成员的"真实性已经得到了莱比锡、维也纳和佩斯科学院"的认证。几天后，该报又刊登了一篇长篇报道，指出当巡演团的男性成员展示他们搭建帐篷、使用雪鞋、投掷驯鹿套索，以及唱歌和跳舞的技能时，女性成员"用驯鹿的肌腱纺出结实的缝纫线"。[31] 文章最后指出："拉普兰人已经与欧洲文化有了足够的接触，通过经常性的募捐活动，他们也对德国的货币有了一定了解。此外，他们完全了解怎么抽雪茄，而且在饮酒方面，他们已经不幸地变得相当熟练了。"[32] 人们对"土著人"在旅行过程中所经历的令人失望的"文明化"过程的担忧越发强烈。

在广告中，组织者"伯乐先生"和"威拉德女士"解释道，他们"经过认证的"的巡演团会跳舞、唱歌、驾驶雪橇、搭帐篷和拆帐篷。当然，哈根贝克也会宣称，自己的展览里也有同样的活动，虽然组织性可能欠佳。洛伊特曼在 1875 年写给流行插画杂志《凉亭》的一篇文章中，虽然承认了早期展览中拉普兰人的真实性，却质疑了整个展览的真实性。

若干年里，德国和奥地利曾出现过一些拉普兰人和一两头驯鹿。为了引起更大的轰动，成员们打扮得像爱斯基摩人，拿着武器，而实际上，拉普兰人根本不会拿这样的武器。再者，他们在整个过程中让自己显得野性十足，无知者必定会接受这种完全错误的认知。无论是科学协会还是个体学者，都无法质疑站在自己面前的拉普兰人的真实性——尽管在莱比锡，他们明显注意到了外表的伪装——这种表面的认可起到了宣传作用，让公众感到更加困惑。[33]

洛伊特曼和哈根贝克认为，他们展览的不寻常之处在于展览人物的行为都是真实的，观众可以信赖成员们能自然地展示自己的行为。“伯乐先生”和“威拉德女士”的演员们穿着假服装，表演着假特技，在演出中抽着雪茄、喝着酒，非常“文明”，但哈根贝克的“自然而纯粹的拉普兰人”在德国人面前给孩子喂奶时，就跟给驯鹿挤奶一样自在。[34]

他们反复强调展览的自然性和逼真性，这直接指向了19世纪下半叶展览背后的主要推动因素——德国人（更宽泛地讲是欧洲人）越发渴望了解世界各地的其他人。当然，这种渴望本身是由一系列力量推动的，包括促使人们对跟自己“不同”的人感兴趣的好奇心，以及殖民者了解被殖民地的实际需要。因此，19 世纪下半叶——当时德国从一个更关注自身的、主要由独立的小政治实体组成的联邦变成了一个极其强大、政治上统一的殖民帝国——的欧洲人民想要了解境内外人们的一切，也就不足为奇了。

但是，要说哈根贝克的人物展览是为了满足某种普遍的了解他人的兴趣，并不能揭开事实的全貌。同样地，要说哈根贝克的展览只不过是流行的公共娱乐形式的一个实例，也抓不住要领。实际上，不管哈根贝克的展览跟其他展览有多相似，哈根贝克在人物展览中努力追求的真实性确实使它跟同时期的其他展览区分开来，这种真实性也使哈根贝克展览的遗产变得更加重要。[35] 例如，人们知道，当他们去看“水牛比尔”狂野西部欧洲巡演时，他们看到的并不是真实的场景，而是高度戏剧化的版本。比尔的表演，包括他们在舞台上重现的野牛狩猎和野蛮的印第安人袭击驿站马车的场景，显然比哈根贝克的展览更具戏剧性——这一点通过展览中深嵌的关于西部开发悲剧的沉重主题体现得更加清晰。类似地，当人们在 1893 年参观芝加哥哥伦布纪念博览会的“大道乐园”时，会看到由来自全世界的 40 个女人组成的美女展览，波斯、印度和阿尔及利亚的宫殿，爪哇村、科罗拉多金矿、多尼哥城堡、摩天轮、小木屋、埃菲尔铁塔和匈牙利咖啡馆，拉普兰人展览，水牛比尔的狂野西部表演，以及由哈根贝克训练的野生动物的表演——很明显，人们已经进入了一个游乐园，里面全是野性的、不可思议的、令人好奇的奇怪事物。相反地，当参观1889年初夏法兰克福动物园的索马里人展览时，人们仿佛进入了一片陌生的土地。据《法兰克福报》报道，展览中的人“实际上并不是表演者，他们只不过在展现自己的日常生活罢了”。观众应当只期待“索马里常见的礼仪和习俗，而不应该期待索马里人骑马的场面跟贝都因人类似，或者像锡兰人的大规模展览队伍一样”。报纸解释道，展览为人们了解其他民族提供了绝佳机会，并总结道：

> 安静而细心的观众对外国人的习惯很感兴趣，而且了解颇多。他们听索马里人长达数小时的谈话，拓展了知识。我们要注意展示在我们眼前的家庭生活美好画面：母亲忙着织布，脚下坐着棕色皮肤的小男孩。在女人的右边，是一位皮革工人，他不厌其烦地穿针和缝制，忙得不亦乐乎。这两个人的两边坐着更多女人，大多都正在编织。来看看另一幅不太有趣的画面：铁匠蹲在地上，把铁块烧红，用锤子把长矛打直。男人们围坐一圈，抽烟聊天，饭已经准备好了。所有这些画面都向观众展示了索马里人的日常生活。成百上千名游客已经不再对歌舞表演感兴趣，转而欣

赏真实的安静活动。[36]

由于哈根贝克的展览展示的是真人——包括北欧、格陵兰岛、拉布拉多半岛、北美和南美、印度和斯里兰卡、蒙古、缅甸、俄罗斯、北非、西非和东非等地的原住民——这激发了各种人类学研究团体的兴趣，这些团体的领导人成为哈根贝克最热情的支持者。[37] 实际上，正如动物学学会的领导人和成员对专业动物经销商的需求与期望一样，他们通过产生特定的有价值的动物研究需求来推动哈根贝克动物业务的快速增长，人类学学会的领导人和成员对可靠的“人类材料”的需求和期望也刺激了哈根贝克人物展览的发展。[38] 人类学学会的热情激发了更多普通大众的热情，人们对传统的陌生民族展览的教化价值产生了怀疑。当然，19 世纪以来，随着学术协会的积极加入和专业化程度的提升，人们越来越注意到真实的展示和骗局之间的界限。在 19 世纪初，展示独特人群的方方面面都行得通，但是在 19 世纪末，这类展览很快被定义为诈骗——只有经过真实性验证的展览才能得到人类学学会和动物学学会的认可，动物学学会的公园成为哈根贝克人物展览的主要场所。[39] 哈根贝克密切关注受过教育的精英和专业学会的需求，这让他的展览完全不同于露天市场的小杂要，而成为一个对“一战”前几十年的人类学实践产生了深远影响的机构。由于哈根贝克人物展览更广泛的公众影响力很大程度上来自其对学术团体的吸引力，因此，我们首先应当把注意力转向这些团体以及它们热衷于推广哈根贝克事业的特殊兴趣。

1878 年，柏林人类学、民族学和史前史学会主席鲁道夫·菲尔绍（Rudolf Virchow）在向学会作汇报时，请同事留意在柏林出现的一群格陵兰岛的爱斯基摩人。[40] 菲尔绍抓住了开展科学调查的机会，他解释道：“总而言之，我希望学会会员留意现在在柏林的爱斯基摩人，这是展现在我们眼前的最有趣的民族学场景，而且我必须承认，这是我们见过的最奇怪的场景。过去这些年里，我收集了大量外国人标本——部分就是在我们城区收集的——但是他们跟爱斯基摩人截然不同。爱斯基摩人用自己的方式展现了令人惊叹的样子。”[41] 考虑到哈根贝克人物展览的背景，鲁道夫·菲尔绍留下的远非一场简单的展览介绍。当然，即使是对展览进行粗略调查，也能揭示学者对展览的广泛兴趣。对于各类学者而言——不仅是人类学家和医生，还包括民族学家、语言学家和音乐学家，以及研究原住民鞋子的专家[42]——展览为他们提供了反复研究陌生人类的机会。他们无须花钱去全球各地旅行，不必面对危险，就能用充足的技术资源来完成最全面的研究。当时，对原住民的研究活动刚刚开始建立官方规则，这些展览为感兴趣的学者提供了大量人类样本，供他们进行一系列测试。在投入大量精力研究人物展览的所有学者当中，鲁道夫·菲尔绍是最重要的科学倡导者。[43] 对菲尔绍而言，这些展览提供了大量信息——人类学、民族学和考古学信息——在接下来的大约 30 年里，他不停地劝同事们参加展览，向学会讲述自己从展览里获得的发现，在媒体面前为展览和哈根贝克辩护。正是菲尔绍和柏林人类学学会的兴趣，让哈根贝克的展览获得了广泛的科学权威。

菲尔绍在向学会介绍 1878 年的爱斯基摩人展览时，首先介绍了 6 名成员的名字和年龄：卡斯帕尔·米克尔·奥卡巴克（36 岁），他的妻子朱莉安·马加克（24 岁），他们的两个孩子安妮（2 岁半）和卡特琳（1 岁零 9 个月）(图 22)，以及两个单身男人汉斯·科基克（41 岁）、海因里希·库扬耶（28 岁）。[44] 尽管菲尔绍称展览展示了“我们眼前最有趣的民族学场景”，但是他很少提到实际展览。在简单提及“他们穿着衣服，有狗、狩猎设备、小屋、雪橇和船，在水上和陆地上从事真实活动”并重复长久以来的抱怨——不幸的是，欧洲的游历经验已经“从多个方面影响了他们的习惯和方式”后，菲尔绍很快就转移到自己的研究内容上来，展示他对 4 位成年人的体检结果。他用表格列出了体检结果，

图 22　卡斯帕尔·米克尔·奥卡巴克、朱莉安·马加克、安妮和卡特琳。

在将近30年里，表格的形式只稍微做了改动。他列举了姓名、年龄、身体比例和头部的9种测量数据，最终为每个成年人计算出了一系列指数：头部宽度跟长度比、鼻子长度跟宽度比、耳朵高度跟整体身高比。菲尔绍的测量显得冷酷无情，而他的讲座似乎包含了更多信息。在谈论实验对象两眼间的距离时，菲尔绍说："他们两眼间的距离这么大，人们首先必须习惯，然后才能欣赏。我们可以清楚地看到他们的眼睛里透露出的善良。此外，他们受过教育后，有利于我们加深了解。他们已经会说一些德语单词，了解我们的货币，这表明他们智力正常。因此，他们在努力适应环境，只有他们的服饰给我们留下了完全陌生的印象。"[45] 实际上，菲尔绍的讲座揭示了他对爱斯基摩人学术研究的复杂性。一方面，讲座呈现了他对这一群体的科学研究结果，目的是让听众了解他的测量成果，这部分内容十分具体、技术含量很高。例如，菲尔绍指出：

> 奥卡巴克的头长195毫米，宽144毫米，得出的指数为73.7。因此，即使跟活着的人相比，他也算是长头人。科基克的情况类似，他的指数是74.7。相比之下，女人的指数是77.3，库扬耶的指数是76.9，也就是"中型头"。因此，我在讨论中不会排除爱斯基摩人长头人的

典型特征。他们的耳朵相当长，因此，耳高度指数相当大。测量过程中发现，女人耳孔的位置比预想中更靠近前囟。同时还发现，库扬耶的耳高度指数跟女人基本接近，数字基本相同：他和奥卡巴克夫人的耳高度都是 115 毫米，而其他男人的高度分别为 126.5 毫米和 127 毫米，指数在 62.8 到 66.8 之间。[46]

另一方面，除去更多的技术讨论，菲尔绍还讨论了展览的民族学意义。他在讲座结尾指出了研究对象的有趣技能："我想强调他们投掷长矛的技能，他们展示了珍贵的原始人类的投掷场景。"[47] 菲尔绍将自己的研究分别融入相关但独立的人类学和民族学领域——在他看来，人类学代表了对人体物理特性的研究，而民族学研究囊括了全球社会中更广泛的文化创造。这种区分反映了柏林人类学学会的分裂和冲突，在 19 世纪的最后 30 年里，哈根贝克的人物展览在学会成员专注的三大事项中都起到了重要作用。

人类学

当展览中的人成为柏林人类学学会的研究对象后，菲尔绍和同事试图收集更全面的记录。他们为了精确测量身体部位，很少照顾被测量者的感受。他们请来专业摄影师拍摄极为重要的照片，这成为学会反复使用的资源。[48] 图表用来对人们的形态学特征进行分类，可以科学地确定皮肤、眼睛和头发的颜色。他们甚至还为某些研究对象制作了石膏模型。就像索科洛夫斯基所说的那样："学者可以做出最精确的测量、拍摄照片，并研究原住民身体颜色的细微差别，用这些笔记和照片做科研。"[49]

回顾历史，我们往往很难理解 19 世纪的人们进行这类研究的热切程度。当然，即使是在当时，也有人对把世界各地的土著人民带到欧洲这门生意感到不安。1881 年，在一篇题为《火地岛人和欧洲野蛮人》的文章中，一位编辑抱怨道："在将人们运往欧洲这件事上，我发现了大量残酷事实。我们的官员没法提供最低限度的保证，当这些人信任陌生人并来到地球的另一端时，他们知道这意味着什么吗？"[50] 另一名编辑对这篇文章的观点表示赞同，并指出了展览的火地岛人存在的各种问题，包括反复出现的疾病，这让人回想起前一年爱斯基摩人展览中的成员们的灾难性死亡。这位编辑表示："无论如何，所有这一切都为具备思考能力的观众提供了材料，越是这样，'人性'这个词才能越频繁地出现在人们的口中和笔下。"[51]

这些意见并非没有得到回应。1880 年 10 月 21 日，《马格德堡报》专栏评论质疑展览所谓的教育和科学价值。在回应此类批评时，菲尔绍指责专栏作家们明显忽视了人物展览的科学意义：

> 专栏作家们有时喜欢说："那当然很有意思。"听起来就像是责备。这里，他们似乎没有完全弄清楚"有意思"这个概念的多样化含义。当然，很多事情因为好奇而"有意思"，但我们为追求知识而进行的调查，为了对自然和人类进行逐步探索而研究的一切，本质上都是因为我们觉得它有意思才去做的。是的，任何想要了解人类在自然界中的总体位置、人类物种所经历的发展的人都会认为这些人物展览十分有意思。
>
> 那些无法理解这一点的人，那些由于储备不足无法理解其中包含着人类最重要、最伟大问题的人，那些认为应该抛开这些问题去讨论世俗事物的人，应该就是最后一批写专栏评论的人。[52]

菲尔绍明确表示，这些人物展览所承载的科学意义绝非无足轻重。学者们讨论的话题不仅是头、胳膊和腿的数据，不仅是研究他们长什么样。这些图表和数据的重要性体现在"比较"上——例如头的宽度与长度之比——这为人类种族对比和关联研究提供了科学依据。菲尔绍通过赞扬哈根贝克的努力有力回应了批评者。他写道，归根结底，“展览激发了最高级别的科学兴趣，因此，我不会让这个机会溜走，而是要公开向哈根贝克先生特别致谢，让他不要因为这类攻击而退缩，而是要为了人类学科学的利益继续从事这项工作”。[53] 我们很难弄清楚菲尔绍所谓的“最高级别的科学兴趣”包含哪些方面。从最基本层面来看，这些展览的意义似乎完全在于收集人体测量学数据。当然，大多数材料都很枯燥乏味。菲尔绍详细描述了实验对象身体的长度和直径，几乎不在乎这些人的声音或其他方面，也不在乎他们的服饰和工具。在阅读他的记录时，很明显就能看出，对菲尔绍等人而言，收集身体数据绝对至关重要——这些数据会被用来挑战或支持当时辩论得最激烈的科学问题，其中包括演化论及种族的起源和意义。

当然，这些数据可以用来为多种立场辩护。以菲尔绍的性格来讲，他感兴趣的是增进对某个民族知识的了解，而不是得出宽泛的结论。他经常用数据质疑几乎所有的一般理论，包括进化论。他认为，进化论缺乏决定性证据。在他看来，各个人群的测量数据并不是不容置疑的。例如，菲尔绍一再抨击“最后两个在世阿兹特克人的展览”，该展览于 19 世纪下半叶在欧洲巡演。菲尔绍在 1860 年至 19 世纪末至少 4 次向社会展示了自己对这两个人的研究结果。他表示，被展览者根本不是阿兹特克人后裔，实际上是“典型的小头症”患者——直到20世纪，这一直是畸形人展览的传统展示项目。类似地，在19世纪七八十年代努比亚人人种起源的激烈讨论中，菲尔绍指出数据不足以证明任何立场：有人认为与通常的黑人民族（撒哈拉沙漠以南非洲人）相比，努比亚人只是具有更“高级”的体貌特征；也有人坚称努比亚人就是在非洲的东印度人。在菲尔绍看来，双方提供的身体证据都不足以得出决定性结论。[55]

在人体测量学分析的传统当中——该传统至今仍在流行——要优先测量颅骨，尤其是颅骨的长度与宽度，耳朵的高度，脸的长度与宽度，鼻子的高度、宽度和长度，以及眼睛之间的距离。[56]测完颅骨后，还要测量身体数据，包括身高、臂展、肩宽与肩高、上臂与下臂的长度、手和脚的长度与宽度，腿的长度（到膝盖或盆骨）。当然，测量并不总是一帆风顺。菲尔绍在汇报一群来自拉布拉多半岛的爱斯基摩人的测量结果时，谈到了登报的一件事：[57]

> 你已经看到了巴恩戈夫人的女儿有多么害羞。她像是一头被捕的野生动物。她妈妈倒是不这样，但是她却疑虑重重。人们会发现，她在陌生的地方走的每一步，

都能反映出新环境是如何给她造成深度焦虑的。虽然测量其他人十分简单，但是测量她却很难。我先从最简单的入手，试图逐渐证明测量没有坏处。但是，每个新动作都立马引发了她的焦虑。身体测量一开始，她就浑身颤抖，十分焦虑不安。当我想测量她的臂展，把她的胳膊水平张开时——她之前肯定没这样做过——她突然变得歇斯底里起来。[58]

巴恩戈夫人大发雷霆，菲尔绍于是决定停止对她女儿的测量。菲尔绍表示，自己在精神病院工作了多年，从来没见过这样的情况。

测量完后，菲尔绍会仔细辨认实验对象的肤色（使用巴黎人类学学会编制的法国量表）、眼睛颜色（使用表格和模型）、头发颜色（通常使用显微镜评估）。[59]尽管这些测量往往很主观，但在很多人看来，这是最重要的研究结果。学会在 1883 年和 1884 年检验了两组澳大利亚土著人，也许人类学家们最感兴趣的是他们发质的多样性。据研究人员反馈，实验对象的头发各种各样，有的“像羊毛”，有的是“直发”，这证明了澳大利亚人是最原始的人类（*Urmensch*），因为从他们身上可以观察到全球各地各种人类的特征。类似地，肤色是确定特定群体与特定种族的决定性因素。例如，在努比亚人这个案例中，虽然有大量相貌数据表明努比亚人与东印度人的联系比其与撒哈拉沙漠以南非洲人的关系更为紧密，但最终，由于努比亚人往往比达罗毗荼人肤色更暗，人类学学会成员们才接受努比亚人是东印度人后裔的可能性。正如菲尔绍所言："从肤色来看，他们跟黑人一样。即使他们的肤色稍浅，从本质上看也十分深。但是，南方的阿拉伯人也跟印度的达罗毗荼人的肤色一样深。如果人们想让这个标准具有决定性作用，那么最后就会回到过时的立场，即认为所有肤色深的人群均为一类人。在我看来，查西亚人和贝多瓦人的深色皮肤是因为他们混入了黑人血统，这一点人们尚未达成共识。他们也可能从其他地区带来了这一特征。"[60]

19 世纪末，柏林人类学学会从人物展览中得到的最长久的数据，就是学会委托卡尔·贡特尔（Carl Gunther）等摄影师开展的摄影研究。与最多在柏林待上几个月的实验对象不同，学会的人类学照片成为学会的永久藏品，在几十年间里被大量使用。由于照片是在相对受控的环境中拍摄的，摄影师可以拍摄大量高质量照片，无须担心野外条件会让几个月的工作毁于一旦。由于每个人都进行了大量测量，在拍摄时，传统的量尺工具往往被抛弃。摄影师可以让实验对象摆出不同的姿势，将注意力集中在学会成员们特别关注的实验对象特质上。人类学学家卡尔·施特拉茨（Carl Stratz）曾大肆宣扬摄影的前景，他表示："我们了解人种的最重要基础不是文字、数字或测量，而是基于个人观察和科学洞察力的视觉材料。"除了展示精心挑选的骨骼、肌肉和器官样本，他还总结道："未来的理想状态，是有这样一种作品：人类群体的最完美代表——包括所有年龄段和性别——都能以自然裸体状态并排呈现。"[61]

当然，摄影师并不总能实现理想的"自然裸体状态"，施特拉茨只能感叹："好的人类学裸体照片十分罕见，其中精选的完美而典型的个人就更加罕见了。"[62]然而，人物展览为柏林人类学学家们提供了最重要的拍摄优质人类学裸体照片的机会。数十年来，卡尔·贡特尔拍摄的展览成员照片为人类学研究提供了大量视觉材料。约翰内斯·兰克的《人类》、弗里德里希·拉采尔的《民族学》、赫尔曼·普洛斯和马克斯·巴特尔斯的《女人：历史、妇科和人类学纲要》等专业著作，以及施特拉茨的《人类自然史》和《女人的种族之美》、亚历山大·索科洛夫斯基的《人的研究：地球上所有种族的自然史》等大众著作基本都是围绕人物展览中的摄影材料创作的。有了摄影，此前未完成的分析便可以根据照片得以完成。例如，普洛斯根据女性乳房和生殖器的形状进行了种族变异的比较研究。[63]

有趣的是，原始照片中的明显缺陷也可以得到纠正。在两张澳大利亚女人照片里，裸体全身像最初是贡特尔在工作室里拍摄的，地上铺了波斯地毯，还有一张铺着布帘的桌子。但是，在施特拉茨的《人类自然史》中，这些图片的新版本显示，桌子被移走、地毯被撤掉——理想的“自然裸体状态”得以实现，尽管进行了人为操控。施特拉茨著作里的图片完全去除了人物的文化背景。这些人远离故土，被带到一家德国工作室进行拍摄。而如今，工作室的背景也被去除了。诚然，在人类学著作中，为了展示“原始人”，人物保留了理想的裸体状态。[64] 在放有美化版人类学照片的著作中，要特别留意施特拉茨书中埃廷格拍摄的巴伐利亚青年，以及贡特尔拍摄的金发拉普兰人正面照和侧面照的区别。在第一张照片里，典型的欧洲人赤裸着漫不经心地靠在柱子上，而在第二张照片中，只有一个裸体男人，背景被擦除，根本不关注“美”或“端庄”这类理想状态。

民族学

如果说 19 世纪德国的人类学研究通常意味着对人类的身体特征进行比较分析，那么民族学研究领域就包含了更广泛的“精神”层面——智力和文化研究。换言之，它研究的是隶属于社会人类学和文化人类学的内容。[65]与人类学研究不同的是，在人物展览的背景下开展民族学研究的机会更加有限，主要有三方面原因。第一，早期展览的民族真实性通常是可疑的，其真实性比人类学证据更加难以验证。第二，民族学研究通常比人类学研究用时更长，展览的组织者不想将宝贵的展览时间浪费在研究者的家里，以让研究者去钻研新语言。第三，尽管大多数展览包含原住民们带来的物品，但是这些物品往往是航行期间随意找来的，因此在带给人启迪的同时，也会造成混淆。

但不可否认的是，哈根贝克的人物展览对柏林人类学学会的民族学研究作出了巨大贡献。单就物品而言，在展览里，人们可以看到成员随身携带的帐篷、雪橇、骆驼或大象身上的鞍、厨具和武器，以及哈根贝克的代理人在当地发掘的大量工艺品。从第一场拉普兰人展览开始，哈根贝克就立下规矩，要把展览对象随身携带的物品“捐赠”给重要的民族学研究博物馆。他的贡献得到了认可，成功加入了柏林、汉堡等地的人类学学会。[66]因此，第一场拉普兰人展览巡演结束后，所有物件都“捐赠”（卖）给了莱比锡民族学博物馆。[67]这一时期，从水手到殖民地官员，都希望向博物馆兜售物品，但是似乎只有跟这些机构建立了牢固联系的人才有生意可做。哪怕是约瑟夫·门格斯这样的人物，都很难为他的展品找到买家。他曾定期为学术地理期刊《彼得曼地理通报》供稿，为哈根贝克组织了多场展览，还以自己的名义组织过展览。门格斯没办法引起人类学和民族学学会的注意，卖自己的藏品时还会亏本。例如，他在1893年芝加哥世博会上的展品最终以亏本6000马克的价格卖掉。在1891年的一封信里，他绝望地表示："就我而言，我不想跟整个学术界有任何关联，我庆幸自己在整个旅途中没有竭尽所能收集物件来充实某家博物馆的馆藏。"[68] 事实上，人类学博物馆和研究学会想要跟收藏者建立私人联系，他们想跟著名收藏者紧密合作。通过最重要的展览经理人约翰·阿德里安·雅各布森，哈根贝克的名字再度进入人们的视野。[69]

正如先前所言，雅各布森受雇于哈根贝克，组织过1878年的第一场爱斯基摩人展览。据记载，这场展览可能是最初5年里最成功的一次。这场展览在柏林展出期间，雅各布森结交了鲁道夫·菲尔绍和德国著名民族学者阿道夫·巴斯蒂安（Adolf Bastian）。从1881年开始，雅各布森除了为哈根贝克效劳，还成为柏林人类学学会的官方收藏者。1883年，在皇家博物馆民族学藏品援助委员会的资助下，雅各布森带着收集的工艺品返回，他带来了"六七千件物品，直到今天，它们仍然是欧洲和美国博物馆里的来自阿拉斯加和不列颠哥伦比亚的最佳藏品"。[70] 雅各布森跟哈根贝克保持了紧密联系，曾在20世纪20年代为哈根贝克承担多项工作。在长期供职于哈根贝克公司期间，他继续服务于柏林人类学学会，组织前往俄罗斯、韩国、日本和东印度等地的收集之旅。[71]

展览的成员偶尔也会被请去与博物馆展品进行互动。1884年秋天，巴斯蒂安曾让在卡斯坦的汉堡蜡像馆展出的两名澳大利亚原住民接受关于博物馆展品的采访。采访的目的是“让澳大利亚人辨认一些不知名称和用途的物品”。[72]根据报纸记载，在确认了原住民的真实身份，确定他们能理解观众使用的基本词汇后：

> “野人”被领到了一个放满澳大利亚物件的玻璃橱窗前。两个野人面露喜色，看着他们的武器——回力镖和击棍，以及各种装饰品。他们认出了一个用树叶和树皮制作的盛蜂蜜的容器，当地人称为“*Kokobei*”。由两块木头制作的点火器引起了人们的极大兴趣，木头持续摩擦升温，能用来点燃干草。野人们具体说明了击棍的用处。击棍的一头有一块水晶，只有在击打敌人的颅骨时才会使用。他们面前的一根竹棍上刻有各种数字和凹痕，他们认出来是“信息棒”，在当地用来相互交流。他们还说，他们能识别其中一根棒上的标记。在看到澳大利亚木乃伊时，野人们显得格外吃惊。那是一具成年尸体，被拉菲亚树皮包裹着，

长度为 2.5 英尺、直径为 1 英尺，人们发现这具尸体时，它正挂在一棵树上。[73]

有“当地人”陪同的博物馆观众往往能够吸引媒体的注意。对展览成员们进行的大多数民族学研究主要聚焦在他们的饮食、宗教、劳动和娱乐上，当然还有他们的语言。语言学家通过采访展览的成员，可以获得宝贵的检验和修正关于主要语系起源与传播论据的机会。当然，人们也有大量机会拍摄展览成员的日常生活。与人类学照片主要关注他们的身体结构不同，这些照片——如亚历山大·索科洛夫斯基在研究“人类分支”时拍摄的 4 张照片（图 23）——重点记录的是服饰和文化仪式。[74] 索科洛夫斯基的照片灵感来源于贡特尔 1886 年于柏林拍摄的贝拉库拉印第安人系列作品。它们被学者们用来论证展览的民族学意义，还清晰地揭示了在展览背景下进行这类研究存在的基本问题。沃尔夫冈·哈伯兰（Wolfgang Haberland）在文章中写道，这群人跳舞和举行仪式的照片——包括“首领的舞蹈”、戴面具的“哈马萨仪式”、“食人族舞蹈”、戴面具的“熊舞”、“九人游戏”、“努特罗马特拉舞”、“波特拉奇舞”、“冬日舞蹈”和“诺亚罗克舞”——似乎完全聚焦于精美的服装，尤其是雅各布森收集的各种非同寻常的面具。但问题是，这些服饰和面具可能是雅各布森

图 23 民族学照片：贝拉库拉印第安人，大约 1885 年。

和他兄弟菲利普在温哥华西海岸的其他部落里找到的，可能根本不属于贝拉库拉岛。哈伯兰写道：“尤其引人注目的是各种奇尔卡特毯子和团队首领穿的奇尔卡特短袍，这在贝拉库拉岛很难发现，数量也不会如此之多。它们很可能是菲利普在钦西安和特林吉特找到的东西。”哈伯兰总结道：“他们的服饰同样不大可能来自贝拉库拉岛……至于面具和其他物件，来源也都值得怀疑。”[75]

最后，虽然学术界经常试图从展览中获取大量可靠的民族学信息，但是这些努力往往跟展览的娱乐性质发生冲突。例如，弗朗茨·博阿斯（Franz Boas）热衷于研究 1886 年贝拉库拉岛人展览，他的确了解了大量信息，但对他来说，展览主要激发了他去美国西北部研究当地人和当地文化的兴趣。[76]不同于人类学学家钟爱研究不易受影响的对象——展览成员的身体，民族学学家很快就发现，他们的研究最好在野外开展，这样才能在更加“自然”的状态下长时间研究实验对象。

史前时期

1878 年，大卫·弗里德里希·温兰在小说《鲁拉曼：穴居人和穴居熊时代以来的自然史故事》中，试图描述德国的史前时期生命。[77]读一下相关片段，就能知道为何这本小说自从首次出版以来一直都在发行。

> 总的来说，森林不是落叶林，而是适应环境的松林。没有我们的森林歌手知更鸟和刺嘴莺，只有雀类小鸟、白颊鸟、啄木鸟、野鸽、渡鸦和寒鸦。在山的边缘，不见狍和赤鹿的踪影，都是因为一头笨拙的长毛犀牛。一头红毛猛犸象在松林里踏出一条宽阔的路，直到附近的山谷，然后延伸到多个湖泊组成的沼泽地里。一片绿地上，一条清澈的有鳟鱼的小溪蜿蜒穿过。高原上，有一大群动物——驯鹿和某种野马。在孤零零的刺柏和榛子树中，在动物夜晚饮水的几处泉水旁，躺着一头剑齿虎，它的体格和力量要比老虎大得多。这头巨兽会用爪子把猎物扑倒——就像今天的老虎和狮子——然后用带倒刺的舌头舔出猎物的内脏。吃饱之后，它就会去小溪里喝水，接着迈着轻快的步伐，静悄悄地回到洞穴里睡觉。[78]

当时，一系列流行观点都在强调德国史前时期的面貌和各种动物的重要性及意义，争论进化论中关于人类和人种起源与发展的内容。温兰的故事呼应了这一现象，表明了大众对德国史前史相关研究感到兴奋。实际上，虽然当时德国已经成为全球发展最迅速的工业国之一，但是科学家和大部分普通大众却开始想象过去，比中世纪骑士的浪漫幻想更遥远的过去，甚至超出了塔西陀的历史——他们想象的是史前史。

这一兴趣背后的主要原因看起来似乎相当直接。当然，部分原因植根于当时流行的反城市、反现代观念以及对德国黑暗历史的痴迷。[79] 同时，部分原因还在于 19 世纪下半叶科学的重新定位，这导致在德语国家，越来越多的史前遗址被频繁发掘。虽然零星发现的奇特骨骼只会引起人们的好奇，但是随着人们对洞穴发掘的兴趣越发浓厚，再加上类似于 1856 年在杜塞尔多夫郊外发现尼安德特人等轰动一时的大事件，公众对史前人类生命的兴趣得到了极大提升。

但是，引起这一关注的最重要推动力，或许是达尔文 1859 年出版的《物种起源》，这本书受到一些德国科学家的热烈欢迎。但跟达尔文本人不同的是，他在德国最坦率的支持者恩斯特·海克尔及其大部分同事，将注意力聚焦在自然选择理论对人类从非人类物种发展而来的解释上，以及其对人种和文化发展的意义。正如卡尔·施特拉茨在世纪之交所说的那样：“人们研究了各种更加原始的人类跟类人猿的相似度……得出了人类跟类人猿相似的特征，于是开始兴致勃勃地搜寻缺失的联系——人类与类人猿之间的最后一道联系。”[80]在这种狂热之中，海克尔对物种起源的争论作出了巨大贡献。1866年，他提出了所谓的“生物发生律”（biogenetic law），认为在个体从胚胎到发育成熟的过程中，会重演其进化遗产的路径（即在个体发育过程中，生物体会重演其“系统发展”路径）。[81]除了对胚胎学这门冉冉升起的学科起到巨大的推动作用，海克尔的生物发生律还推动了对人类历史的研究，因为该理论的逻辑推论表明，现代欧洲人——在这一背景下是指现代德国人——继承的不仅是他们物种的历史，还有他们种族和文化的历史。从某种意义上而言，人们能够想象远古祖先的生活，正是因为人们以某种古老遗传方式携带着祖先的经历。

实际上在这一时期，很多研究人类生活史的德国科学家认为，有可靠证据表明，我们可以重构史前生活。胚胎学研究似乎可以得出可靠结论——人类是从其他生物体发展而来的，在进化成现代人之前，经历过更多原始阶段。通过检验洞穴里的遗迹可以发现，早在古典时代之前，人类就已经居住在北欧地区，用石头、木头、骨制工具和武器苦苦生存着。最终，随着生物发生律理论的拓展，系统发展史贯穿于人类发展史这一观点表明，在现代欧洲人当中，远古过去的记忆是存在的，这些记忆或许构成了人的本性。[82]但是，相信一个人承载了原始的过去，难以回答史前欧洲社会结构、人类居住条件、宗教信仰形式、语言发展甚至是两性关系方面的问题。温兰认为，即使“遗迹很少，但仍然有足够的线索可以还原石器时代的人类生活”。因此,《鲁拉曼》一书的目标是重构德国的史前生活。通过纳入最新的科研成果和自身相当克制的想象力，温兰希望还原遥远过去生活的本质。他不禁想知道,“人们会如何回应生活在与目前地质条件大不相同的时代的人类遗留下来的证据和活动——正如我们所知，这些条件的变化非常缓慢，我们考虑的不是几千年，而是几十万年”。[83] 温兰对此心存敬畏。他坚信，欧洲真正的洞穴人跟遥远的北方欧洲原住民的联系或许要比与现代德国人的联系更紧密，他坚称，如果一个人得知在这座山谷里，曾有个拉普兰猎人过着悲惨的生活，当走进他曾经居住的洞穴里，看到仍然还在的石头和骨制工具遗迹时，肯定会饶有兴致地重构远古时期的画面，[84] 他坚信在这种情况下，人的“精神”和“情感”不可能不被唤醒。

为了重构远古时期的生活，并且弥补苏珊妮·马尔尚（Suzanne Marchand）所说的“缺乏经典文献和学术传统”带来的可信度不足的问题，温兰和其他史前史学家试图通过采用更成熟的科学语言，并通过论证史前史研究必然会加深人们对德国历史（而不是罗马史或希腊史）的理解来加强研究。[85] 他们通过研究那些在 19 世纪仍然存在的——似乎被冻结在史前时期的文化，来满足科学合法性的要求。温兰认为，通过“当面观察自然生活的民族的风俗和礼仪”，人们可以“填补画面”，以加深对自身过去的理解。[86]西格蒙德·弗洛伊德在1912年的《图腾与禁忌》（*Totem and Taboo*）开篇段落中，就讲述了当时这一广受欢迎的理论。

> 我们是通过以下方式了解不同发展阶段的史前人类的：他们留下的无生命的纪念碑和器具，直接传递或以传说、神话和童话的方式传递的关于艺术、宗教、生活态度的信息，以及留存在我们自身行为和习俗中的思维方式。从某方面来讲，他们跟我们仍然属于同时代。据我们所知，至今仍然有人跟原始人很接近，比我们要近得多，因此我们可以把这些人当作原始人的直接继承人和代表。这就是我们对野人或半野人的看法。如果我们能将他们的生活视为人类自身早期发展阶段一个生动且保存完好的画面，那么我们肯定会对他们的精神生活产生独特的兴趣。[87]

对于温兰、弗洛伊德等学者甚至是普通大众当中的多数人而言，近距离观察“野人的精神生活”提供了观察欧洲史前人类生活和风俗的第一视角。

但是，在想象德国史前史生活时，身处19世纪末的温兰和同事们跟法国人和英国人一样，会毫无意外地严格筛选祖先。哈根贝克从非洲带来的不同种族的人，虽然被称为“野人”，但是他从未标榜过他们是石器时代的人类代表。[88] 当然，人物展览要兼容与欧洲石器时代有关的可想象的原始主义形式。为了满足这一需求，哈根贝克选定了爱斯基摩人和美洲印第安人，而且他们的外表看起来越原始越好。这些展览中最有名而且最原始的，是来自火地岛的 4 个男人、4 个女人和 3 个孩子。海因里希·洛伊特曼于 1887 年回忆道：“这群人完全处于自然状态，我们得先让他们穿上衣服，如果他们只穿自己唯一的遮盖物——毛制披肩，那不适合被展出。正是这种自然性赢得了观众的青睐。观众队伍相当庞大，下一站柏林也是如此。观众们推倒了路障，只有派出安保人员才能维持秩序。”[89] 洛伊特曼试图解释这群人为何具有如此大的吸引力，他总结道：“通过展览，人们能看到想象中的过去，回到遥远的过去，想象人类完全脱离类人猿，刚刚成为人类时的样子。”[90] 巴黎展览的照片（图 24）和杂志《凉亭》上的插图（图 25）明显表明，观众们只希望在展览上看火地岛人扮演“野人”。跟哈根贝克用杂技演员、耍蛇人和大象组织的锡兰人展览不同，火地岛人展览既没有驯养的动物和大量的物件，也没有语言翻译。[91] 实际上，虽然哈根贝克的大多数展览都要依靠复杂的庆典和壮观的场面详细讲述文化的戏剧性场面（如锡兰女人的舞

图 24　展览中的火地岛人，1881 年。

图 25 “火地岛人物类型”,《凉亭》，1881 年。

蹈、拉普兰人的迁徙、卡尔梅克人挤马奶、索马里人的骆驼比赛），但是火地岛人只是需要安静地坐着，在地上走来走去，把食物放在篝火上。公众却格外热情。在巴黎的某个星期天，就有超过 5 万人观看展览。据《新普鲁士报》报道，在柏林动物园，“为了防止观众发生冲撞，组织者搭建了一个 4 英尺高的大舞台，让火地岛人站在上面”。[92] 大多数观众哪怕只看到一眼“原始人”，就会感到心满意足。

原始主义的问题同样让柏林人类学学会格外关注。在被问到火地岛人的生活是否真的像展览中的那样时，菲尔绍 1881 年在《交易》杂志中表示，每一天的新证据都证明了“这些人的真实性”。最令人印象深刻的是，他指出，火地岛人适应恶劣天气的能力非常惊人（尽管他们没有充足的衣物），这种能力是地球上其他人类无法匹敌的，也许堪察加人除外。尽管观众们抱怨展览中的男人在咳嗽，两个女人得了肺炎，但是菲尔绍认为，他们生病不是因为展出时的条件，而是在巴黎旅途一开始，他们先被带到了一间热气腾腾的房子里，由于可以在外面晨浴，他们在早上纷纷跳入了结了一层薄冰的池塘。之后，他们在外面走了一整天，大多数人身上只披了一小块兽皮。[94]

在谈到这些人的身体特征时，菲尔绍强调了火地岛人最有趣的特征：“我首次将目光停留在一个成年人的脚上。那只脚从来没有穿过鞋子或兽皮。我之所以这么说，是因为哪怕是最小的孩子，在最寒冷的天气也是赤脚走路的。”[95] 菲尔绍放出其中两个人的手和脚的轮廓图，让读者注意火地岛人脚上令人感到惊讶的地方：“你会发现，在这些人当中，无论他们的种族地位有多低，进化程度低的一个标志性特征——第二根脚趾比第一根长——并不总是存在。这个特征在很多野人当中都很常见，但是在火地岛人当中，第二根脚趾没有明显伸长……总体而言，脚的外形相当和谐。但我并不是说，和谐的脚更有吸引力。我们的眼睛已经习惯了各种变形的脚，所以必须以客观的态度，才能欣赏自然的脚。”[96]

对于火地岛人的文化，菲尔绍所言甚少。他提到过，尽管还不确定火地岛人是否过着松散的群体生活，但是很明显，在前往欧洲的船上，卡皮塔诺、莉娜和她的孩子似乎已经建立起了稳定关系。[97] 他总结道，大体而言，所有人都相当自由地跟彼此相互交流，而且他们的经理人表示，在两性关系层面，共妻现象盛行。[98] 菲尔绍承认，由于无法跟这些人沟通，他很难研究他们的社会关系——试图交流的做法全都失败了，因为火地岛人只会简单重复他们听到的每个单词。尽管自从达尔文的观察结果发表以来，他自己也得出了一些结论，但是他坚称，火地岛人根本不是某种“猿人”。[99] 他继续说道：“如果没有恶劣环境的严重限制，他们不会在社会最底层停留太久，他们本来可以取得更大的进步。”[100] 菲尔绍运用在接下来的几十年里越来越流行的环境决定论（environmental determinism）得出结论——火地岛人仍然停留在石器时代，因为他们生活的环境不利于其文明的发展。[101]

最终，19 世纪的“野蛮”火地岛人的生活，正如科学界所构建的那样，完全被束缚在对原始状态的当代观念以及这种原始状态与欧洲史前史的关系想象中。从某个层面来讲，这些观念成为当代文明定义的对立面。这些观念中包含着对松散社会结构的期待，包括认为他们缺乏“羞耻感”（从火地岛人不穿衣服这一点可以明显看出来），[102] 原始的食物和烹饪方法以及缺乏清洁的“文明标准”。[103] 海因里希·斯泰尼茨（Heinrich Steinitz）将对展览中的火地岛人的观察结果发表在了《凉亭》上，其中就强调了火地岛人跟开化的欧洲人之间的截然不同之处。斯泰尼茨写道：“这些可怜又讨厌的生物生长发育不良，他们往自己丑陋的脸上涂满了白颜料，他们的皮肤又脏又油腻，头发乱糟糟的，说话声音刺耳。”斯泰尼茨（用达尔文的话）总结道：“看到这种人，人们很难相信他们是跟我们处在同一个世界的生物和居民。”[104] 但同时，在另一层面，这种与当代的差异也矛盾性地肯定了当代与史前时期的联系。19 世纪末的德国科学家和普通大众在事实上认识到了自己跟火地岛人的联系。他们并不将火地岛人视为另一个世界的居民，而是将其视为“原始人”，而且认为由于进化时间的暂停（或延迟），他们保持了原始状态。这群人与我们来自同一个世界，但是来自不同的时代——远古时代。实际上，约翰内斯·兰克在1887年的《人类》一书中表达的看法相当普遍：火地岛人这样的原始人类，实际上跟石器时代的欧洲人惊人地相似。兰克表示：

> 跟爱斯基摩人一样，火地岛人的文明至今仍然处于石器时代。狗是他们唯一的家养动物。他们的工具和武器跟史前欧洲时期的极为相似。正因如此，火地岛人为我们保留了深入洞察距离欧洲如此遥远的石器时代状况的机会。我们还能从他们身上了解到欧洲石器时代早期的人们是如何制作燧石长矛和箭头的。火地岛人的箭头跟我们石器时代的祖先制作的箭头高度相似。箭刃和箭尖上都有小浅坑，形成了锯齿状。[105]

科学家将展览视为史前史的现场展示，展览成为构建科学的和流行的史前生活观念的重要元素。同时，人们也是在史前生活的科学观念背景下来理解这些展览的。因此，为了理解“原始人展览”和19世纪德国人对史前史的看法，重要的是理解哈根贝克的展览和关于史前生活的辩论之间必然存在的自反关系（reflexive relation）：对欧洲史前史本质的讨论直接受到哈根贝克人物展览的影响，而这些展览本身也是在对原始生活不断演变的理解背景之下得到理解的。

当我们看海因里希·洛伊特曼于1878年春天发表在德国流行杂志《自然》上的两幅插图时，就能够更清楚地看到这种复杂的自反关系是如何体现的。第一幅插图是“爱斯基摩人狩猎北极熊归来”（图26），附带一篇洛伊特曼本人写的文章，描述了哈根贝克在巴黎展览的格陵兰岛爱斯基摩人。第二幅插图是“史前洞穴人抓捕猛犸象”（图27），附带一篇温兰写的《浅析史前欧洲洞穴人的起源与生活》，目的是推广他的小说。[106] 第一幅插图展示了北极风光和一座被冰雪覆盖的木屋。[107] 在前景处，洛伊特曼巧妙地画上了展览里用到的道具，包括木制滑雪板和雪橇。大多数雪橇犬戴着挽具，有的还穿着护靴，一只雪橇犬正朝着北极熊的尸体咆哮。一个男子带着一个小孩走出木屋，跟归来的人们打着招呼。一个女人站在一旁，背着一个婴儿，她用手指着另一个小孩。比较画中的这位女性人物跟哈根贝克的展览成员就能发现，这个女人的原型就是洛伊特曼在书中特别提到的爱斯基摩女人马加克。实际上，这幅画结合了洛伊特曼观察到的客观事实和他对格陵兰岛生活场景的想象。在洛伊特曼画中的物品中，我们应该特别留意雪橇、长矛（实际展览的样子跟画作

图 26　海因里希 · 洛伊特曼，“爱斯基摩人狩猎北极熊归来”，《自然》，1878 年。

图 27　海因里希·洛伊特曼，史前洞穴人抓捕猛犸象，《自然》，1878 年。

中的一模一样)、滑雪板、雪橇犬、挽具、人们的服装和发型，以及背孩子的背袋。总之，这幅画的大量元素“来源于生活”。

乍一看，这两幅插图形成了鲜明对比。[108] 实际上，两幅插图除了创作者相同、采用了某些相同技法，几乎没有共同之处。北极地区的场景展示的是守秩序的人类和静态的事物，其中唯一的紧张感源于一条盯着死熊的雪橇犬的卷曲舌头，而描述洞穴人猎杀猛犸象的场景则无比凶险：一头远古猛犸象被巨石所伤，发出痛苦的哀号，一个男人准备把带钩的长矛插进猛犸象的头颅，周围的人发出兴高采烈的尖叫声。在两幅插图中，妇女和儿童的形象都很突出，但是他们的行为却大相径庭。在北极地区的插图中，妇女和儿童帮着解开猎人的雪橇，一位母亲站在一旁给自己的孩子讲解北极熊的知识。而在猛犸象的插图中，不分男女老幼，所有人都纷纷加入狩猎队伍——在画面中央，一个小孩站在坑的边缘，正举起石头砸向奄奄一息的猛犸象。温兰在文章中写道：

> 狡猾的人类成功抓捕了一头森林巨兽，这是多么了不起的壮举啊！从蹒跚学步的儿童到拄着拐杖的年迈女族长都蜂拥而至，凑过来看热闹。可怜的动物被扔下的石头砸中，遍体鳞伤，带着愤怒和恐惧发出惨叫声，慢慢被折

磨致死。实际上，我们必须遗憾地表示，无论是在我们所观察的保持天性的人类身上，还是在真实的北美印第安人身上，从未发现他们对动物产生同情心。相反，我们似乎看到了杀戮的乐趣——即使是在毫无意义的杀戮当中。我们知道，文明国家的儿童内心的高级感情（同情）很少是天生的，通常而言，它首先是教育的结果。[109]

欧洲洞穴人以家族为纽带。他们的狩猎看似狂野，实则是经过精心策划的。猛犸象掉进了事先用树枝掩盖的坑里，整个家族的人在年迈的女族长警觉的指挥下，大声喊叫着，向猛犸象扔石头，从而使其分心。带头的猎人戴着熊爪制成的项链，准备将长矛插进猛犸象的脑袋。在非洲狩猎的欧洲猎人声称，这足以让一头大象立即毙命。虽然这次狩猎没有温兰所谓的“文明国家的高级感情（同情）”，但是它明显是一场文化盛宴，具有丰富的意义、方法和传统，不像在19世纪的德国抓捕野猪。

洛伊特曼的插图表明，“活着的遗迹”本身和推动欧洲史前史研究的基本理念，可以通过提出各种文化演变模型来挑战我们/他们以及文明人/野人的二元对立模式。最终，只有接受“野人”“史前”和“原始”这类术语描述的各种文化含义，我们才能理解洛伊特曼两幅插图中惊人的相似性——

插图里的爱斯基摩人和史前欧洲人都是猎人，确切地说，都是从事最危险狩猎活动的猎人。尽管温兰表示：“虽说欧洲石器时代的人以狩猎为生，可实际上，在欧洲洞穴的人类遗迹中，几乎没有证据表明洞穴人狩猎过猛犸象。”事实上，温兰在文章中透露，史前欧洲人的主要食物是鸟、蛋、鱼、节肢动物、蘑菇、水果和根茎，其次是巨大的麋鹿、类似水牛的欧洲野牛和驼鹿。“德国原始森林的大型厚皮类动物——猛犸象和犀牛——总体上而言都跟人和平相处。”[110] 然而，在为温兰的文章画的插图里，洛伊特曼夸张而有力地描绘了最不可能出现的情形——狩猎猛犸象。读者会由此得出结论：欧洲洞穴人是肉食动物，会追逐和猎杀最危险的猎物，而不是挖掘根茎、搜寻幼虫，或者追逐一群像驯鹿一样的动物。

洛伊特曼为爱斯基摩人展览绘制的插图就跟狩猎猛犸象插图一样不切实际。在巴黎展出的这群人的真实生活环境远离海洋，猎杀北极熊的狩猎探险不大可能会发生。但是，这些最大胆的爱斯基摩人的狩猎技巧似乎最受宣传者（如洛伊特曼）和观众的关注。部分是为了吸引公众的注意力，部分是为了满足公众的期待。在“生存之战”中，“原始人”必须降服最危险的野兽，因此，“本真民族”的展览要不断聚焦于狩猎和饮食。虽然在非洲用来抓捕大象的猎坑似乎为狩猎猛犸象的插图提供了基础，但是史前欧洲人狩猎如此危险猎物的情形，更多还是出自人们对石器时代生活的想象。这种想象一旦强加于展览和史前史流行研究中，就会永久性存在。德国观众对原始人的服装、饮食习惯和工具感到痴迷，于是把展览中展出的“本真民族”和德国人的史前祖先们塑造成了生活在危机四伏的环境中的狂野而勇敢的野人。

洛伊特曼的两幅插图的确体现了 19 世纪的德国人对 19 世纪的格陵兰岛爱斯基摩人和史前欧洲人的想象。但是，在每幅作品里，我们都能发现这三个截然不同但又相当真实且相互关联的群体存在。因此，研究“实时”的相似性和差异（19 世纪的德国和史前欧洲）以及“相对时间”的相似性和差异（19 世纪的德国和 19 世纪的格陵兰岛）在构建知识方面具有重要意义，不仅是有关史前德国人和 19 世纪爱斯基摩人的知识，还有关于 19 世纪德国人的知识。格陵兰岛爱斯基摩人展览的成员们通过与观众互动，帮助人们定义了德国人对“爱斯基摩人”的看法，马加克和奥卡巴克参与塑造了自己在德国文本和德国人脑海里的形象。但是，“爱斯基摩人”的概念仍然漂浮不定，很快就跟其他概念产生了联系。例如，洛伊特曼的爱斯基摩人插图里显眼的长矛在狩猎猛犸象插图中再次出现，而且与 19 世纪德国人用长矛狩猎的传统产生了呼应。对家族或宗族观念、劳动分工、服装和狩猎的重视，展示了德国学者构建的三组文化，让它们在形成鲜明对比的同时又彼此协调。实际上，洛伊特曼让插图里的人物在无事实支撑的场景下跟危险动物搏斗——更重要的是打败动物，表明这三组文化之间错综复杂的关系，史前史研究跟人类学和民族学一样，更多的是建立在大众的流行观念上，而不是建立在冷漠的学术客观性基础上。

流行观念通常植根于对哈根贝克展览的原住民所进行的科学研究之上，这点不必大惊小怪。鲁道夫·菲尔绍和他的同事既是19世纪晚期德国资本主义文化的一部分，也是某种独特科学文化的一部分。一方面，科学家将大众的兴趣纳入自己的研究范围，而另一方面，参观展览的观众似乎对展览产生了很多非科学的兴趣。也就是说，哈根贝克的展览取得的巨大成功，并不依靠科学协会对全人类进行的人体测量学研究，每天前来观展的数万名观众不会为了他们的科学调查而买单。即使哈根贝克从菲尔绍等人那里获得的科学支持对展览盈利而言十分重要，但很明显，公众观展自有理由，正是这些理由促使哈根贝克萌生了展览动物的新想法。

“绝妙的动物”

要了解人物展览流行的一面，我们就必须绕过人类学、民族学和史前史研究的科学兴趣。哈根贝克组织展览不是单纯为科学服务的，科学或许验证了哈根贝克的真实性目标，但展览是为了取悦更广泛的大众。当然，正如研究该公司历史的一位学者表示的那样："人物展览巡演给数百万欧洲人提供了第一堂有关陌生民族日常行为的现场演示。"[111] 但是，这场演示的最终本质是什么？在考虑人们对人物展览的接纳时——在这里，我们不仅必须考虑哈根贝克的展览，还应该考虑众多模仿者——要记住的最重要的问题是，尽管组织者把展览描述得天花乱坠，尽管科学界频繁地盖章批准，这些展览仍持续满足着普通大众最基本的期待。

实际上，哈根贝克展览追求真实性的一个重要原因，正是要满足大众对展览的期待。因此，展览很难全盘推翻甚至部分推翻人们期待的刻板印象——美洲印第安人被要求骑马；爱斯基摩人被要求划皮艇；贝都因人被要求骑骆驼；达荷美的"亚马逊勇士"被要求扮演好战分子。这些期待规定了展览的叙事内容。在某些情况下，贬低或者嘲笑展览对象似乎成了展览的核心。例如，1886 年抵达德国的"迪多镇的迪多王子"展览包含了迪多王子及其两名王妃，以及来自喀麦隆的几个黑人。[112] 该展览的主要吸引力在于 1884 年至 1885 年冬季，喀麦隆沦为德国的"被保护地"。[113] 卡尔·哈根贝克的弟弟约翰发现人们对新殖民地产生了浓厚兴趣："从前无人问津的喀麦隆突然变得家喻户晓。人们不仅在报纸专栏上持续讨论着，而且还在舞台上和杂志里提到它。我们的幽默作家很快就发现，我们的黑人国民在无意间提供了太多喜剧材料，尤其是所谓的国王贝尔和阿夸跟他们的众多王子。人们没法在滑稽戏院里躲过喀麦隆元素，剧本作者和作曲家们时刻准备着将这些材料加工成轻歌剧。”[114]约翰·哈根贝克敏锐地捕捉到了哈根贝克业务的卖点：“我们清晰地认识到了当下控制公司命脉的事物，不会让好机会白白溜走。我们会把一群喀麦隆人聚在一起。”[115]在当时德国殖民背景下，随着媒体将迪多王子头戴大礼帽、身穿长礼服和短裤的形象渲染成黑人的典型装扮，喀麦隆人展览强化了人们对非洲人的流行观念。[116]虽然腓特烈·威廉皇储将迪多王子称作“他的同事”引得众人哈哈大笑，[117]但是洛伊特曼认为：“喀麦隆人展览最有趣的方面，在于展现出了不起的‘鼓语’，这门语言似乎可以表达一切事物。我们可以听到喀麦隆夜晚的鼓声——‘贝尔国王是个大无赖、大无赖、大无赖’。”[118]

观众的期待很少会受挫。19世纪末的人物展览开始包含越来越复杂的叙事内容。观众们不再只是随意逛逛展览地，而是会频繁地进入精心构建的场景，以领略人类经验的多样性。这是因为组织者们想要全面地介绍某个地区和某种文化，但最重要的是因为哈根贝克及其经理人想要让观众的钱花得值当。[119]19 世纪 70 年代末，哈根贝克人物展览里的表演者通常按照合同规定，展示舞蹈、歌曲、手艺活儿等，他们展示得越精心，展览就越有可能盈利。1885 年的一份展览协定条款里写道："上午 8 点至 12 点，下午 1 点半至 6 点（包括星期天），根据技能和能力，与其他人合作，在公众面前拉弓、唱歌、跳舞和讲话，展示印第安人的游戏和娱乐活动以及风俗习惯，要表现得合理体面。"[120] 在这些表演的背景下，科学的严谨性扮演了次要角色。事实上，因具有重要民族学意义而备受瞩目的贝拉库拉人展览获得的经济收益极其有限，这表明，观众很难鉴赏在民族学意义上有趣但是难以被理解的仪式。[121]

卡尔·哈根贝克的兄弟约翰和古斯塔夫组织的印第安人展览就很好地重现了哈根贝克早期展览中令人信服的真实性，并且适应了展览的表演性质。一张小宣传册上写道：

> 这次展览成员大约有 50 人——男人、女人和儿童——尤其值得关注的是：特拉凡哥尔王国的马拉地族和班切瑞斯族的魔术师、杂技演员，马拉巴尔海岸的泰米尔人，印度寺庙的舞者，坦贾武尔的舞女和音乐家，化身为苦行僧、耍蛇人和魔术师的印度穆斯林，驱魔师和火舞者，甚至还有来自马杜拉的小矮人。

“印度村庄”由真实的印度棚屋建造，令观众眼前一亮。同时，观众也有机会购买真正的印度工艺品，如盒子、地毯、碗、珍宝、贝壳、织物等。

寺庙在场地中央拔地而起，准确还原了马杜拉的一座婆罗门瞿布罗，里面供有教义中的神像和其他装饰品，诠释着宗教幻想。

哈根贝克兄弟努力地向观众还原有趣画面，展示原始部落的生活方式，并向感兴趣的观众们提供其他地方都没有的精彩内容。[122]

宣传册强调了展览成员们的真实故乡。它强调了真实的棚屋、真正的手工艺品和准确的复原。但展览和宣传册的重点在于印度人生活的异国风味。因此，展览中展示的画面不是印度的日常生活，而是一群音乐家、杂耍人、舞者和小矮人。最后，复原的婆罗门寺庙里挂满了神像，是为了抓住观众的想象力，展示“绝对值得观看”的内容。这本小册子由阿道夫·弗里德伦德尔出版，册子封面体现了异国视角这一主题（图 28）。一位赤脚印度人穿着一件红白相间的衬衫，脖子上戴着一条项链、盘着一条眼镜蛇，正在展示一幅印度生活海报。海报上画着棕榈树和一条幽深的峡谷，大象用鼻子举起树桩，人们玩弄着蛇，舞者跟随伴奏翩翩起舞，一头

图 28　宣传册封面，1884 年—1885 年。

牛拉着一辆板车，上面放着食物。这就是哈根贝克人物展览所设想的印度世界。[123]

除了还原村庄的画面，哈根贝克的大多数展览都有表演环节。例如，1909 年的埃塞俄比亚人展览就包含了一部五幕剧。这部剧除了还原一群哈布尔·阿瓦尔人的日常生活，还讲述了哈根贝克著名的动物贸易故事。[124]第一幕，舞台场景设置在一片绿洲当中，女人在棚屋前劳作。第二幕，来了一群哈布尔·阿瓦尔人，首领骑着白马，一群山羊和背着各式建造材料的单峰骆驼来到了村庄。第三幕开场，哈根贝克动物车队登场，正在往海边走。骆驼再度出现，背着一笼笼的动物。哈根贝克的代理人听到哈布尔·阿瓦尔人的首领打招呼后，试图向对方买一匹斑马。守卫开始站岗，所有人停下来休息。第四幕，营地遭到另一个部落的袭击。守卫被杀，动物被偷。一番恶战之后，这帮盗贼丢下死伤者撤退。据这次展览的宣传册所示："伤者惨遭割喉杀害。"哈布尔·阿瓦尔人开始跳舞庆祝胜利："人们发出狂野的叫喊声，俘虏被割喉，人们把长矛抛向空中，然后又接住。"最后，第五幕展示了一场"辩论"，哈布尔·阿瓦尔人跟伊萨斯人、达纳吉尔人最终达成和解。宣传册称："被偷的动物被归还……哈布尔·阿瓦尔人赔偿了抚恤金（两头单峰骆驼和一名女孩），首领发表了终场演讲。"[125]需要明确，这部号称展示埃塞俄比亚人生活的戏剧，跟该地区的人类几乎毫无关系，它的民族学意义也相当有限。德国观众在哈根贝克的斯特灵根动物园里看到的展览，聚焦的是哈根贝克的动物经销商们浪漫、危险、以虚构为主的生活。

展览声称要展示外族人的真实生活，同时强化了人们对这群人的刻板印象，它们往往聚焦于欧洲文明的性质，而不是世界各地的其他民族。对文明可以有两方面的理解：文明既可以被视为是进步的胜利，也可以理解为与人物展览中的“天然性”相比欠缺的那部分内容。但不论是哪种情况，被展览者明显是被观众自身的痴迷和幻想积极“创造”出来的。观众可能对“文明”的价值感到绝望，并称赞被展览者的“纯粹”，当然，这种批判性思考并不一定能让人们摆脱掉对被展览者所持有的深层文化预设和偏见。例如，根据1897年在维也纳动物园开办的阿散蒂人展览（非哈根贝克组织），彼得·阿尔滕贝格（Peter Altenberg）创作了一部引人注目的短篇小说《阿散蒂》（*Ashantee*）。尽管其中谴责了欧洲文化，赞扬了展览成员的“纯粹”，但它仍然充斥着自己所要攻击的对象——种族主义。[126] 阿尔滕贝格在维也纳因为沉迷于纸醉金迷的城市生活而闻名。展览在维也纳上演期间，他跟展览中的多名女性成员交往甚密。这些交往为他揭示维也纳人虚伪的一面提供了基础。马克斯·梅塞尔（Max Messer）在评论《阿散蒂》一书时写道:“文化中存在的问题已经从个人体验中暴露出来。首先，它打破了‘文化与人性不可分割’这一谎言。彼得·阿尔滕贝格教会我们用‘无文化’的视角去看待文化。当我们用如孩童般简单的黑人视角去看待我们自身时，我们能看得更清楚，注意到生活中被隐藏起来的不足，能够更有意义地抓住我们的伟大目标，并缩短艰苦的道路。”[127]

从我们的视角来看，很容易发现阿尔滕贝格是通过一种深深植根于他试图批判的种族主义幼稚化视角来看待阿散蒂人展览中的人物的。尽管如此，他对维也纳民众跟展览成员互动的观察，有利于我们深刻了解公众对展览的反应。在极具挑衅意味的短篇文章《文化》中，阿尔滕贝格描写了他跟展览的两名成员大阿科莱（17 岁）和小阿科莱（7 岁）受邀参加晚宴的情形。“原住民”在晚宴上展示了娴熟的礼仪，之后，她们每人都得到了一个法国玩偶:

> 她们用歌声哄玩偶入睡，并亲吻了玩偶。
>
> 突然，大阿科莱把托加长袍往下拉，给玩偶喂奶。小阿科莱则站在那里，看着手中饥饿的玩偶，感到十分绝望。
>
> H 夫人告诉客人，这是她一生中看到的最神圣的时刻。

客人纷纷表示同意，即使表现得不是那么夸张。

即使是 R 先生，也带着一脸假笑。[128]

阿尔滕贝格的这段描写揭示了展览中存在的巨大误解鸿沟，而组织者几乎没有采取任何行动来弥合这一鸿沟。这段文字指出了在欧洲城市的中央重建“原始世界”的内在矛盾。从展览的相关报道中，就能明显看出展览的组织者和观众都缺乏细致观察。《法兰克福报》在报道卡尔梅克人展览时的讥讽和居高临下的口吻就很典型：“在我们的动物学 - 人类学公园里，卡尔梅克人追随着萨摩亚人的脚步。幸运的是，蒙古人并未模仿萨摩亚人的穿着——眼睛眯成一条缝的卡沙穿着一双大靴子，漂亮的费伊则小巧玲珑。从人类学观点来看，这说明了一切——跟热带岛屿的棕色皮肤儿童的优雅举止相比，伏尔加河口的黄皮肤游牧民们的举止就不那么优雅了。确实，卡尔梅克人是彻彻底底的马背上的民族。他们的装备有几头骆驼和羊，几个帐篷和毯子。无论男女老少，每个成员几乎都未曾更换过衣服和内衣。还有一根烟斗、半打鞭子，一些宗教活动用的物品。”在详细介绍完卡尔梅克人有限的财产后，记者再次表现出对这些人的厌恶。他写道：“我们会不惜一切代价，不跟这些卡尔梅克人靠得太近。当然不会，无论用什么东西换都不行。无论如何，这样一场展览根本不会有趣，也不会增长见闻。展览的项目已经足够多了……男人们娴熟地扔着套索，套索几乎每次都能落在骆驼或马的脖子上。他们对歌舞美妙艺术掌握得不够娴熟是可以理解的。小提琴吃力地演奏着，像一望无际的贫瘠草原一样枯燥、令人困倦。一对舞伴之间擦出的火花还不及水塘里即将熄灭的火柴。”[129] 事实上，似乎误解本身就是人物展览取得成功的必要部分。例如，在报道柏林蜡像博物馆澳大利亚食人族展览时，《新普鲁士报》热情洋溢地写道：

> 一个柏林来的粗鲁女人紧紧抓住在观众间溜达的棕色皮肤男子的手臂。男子吃了一惊，转过身来。女人为了好玩，轻轻地打了下他的胳膊。食人族并不知道这是在开玩笑。女人还没反应过来，这名“运动员”就用粗壮的手狠狠地打了她一下。女人似乎认为还在开玩笑，于是打了回去，当然不是为了跟这名勇士打架。男子再也忍受不了了。他皱起那不太美观的脸，勃然大怒，举起胳膊准备战斗。幸运的是，部落首领及时出现，平息了这场冲突。[130]

一个“文明的”白人妇女无法抑制内心的好奇心，去摸“野人”的皮肤，差点儿遭到澳大利亚“食人族”的攻击。这只会引发柏林公众对展览的好奇心。

女人想要摸野人，报纸也热心报道此事，这揭示了哈根贝克展览大获成功背后最重要的驱动力——从最初的拉普兰人和努比亚人展览，到后来的南太平洋岛民展览，这些展览让欧洲观众有机会观看（有时甚至是触摸）展览成员未着衣物的身体。一篇描述哈根贝克 1890 年在乌姆劳夫世界博物馆举办的“亚马逊军团”展览的文章，更加明确地指出了这些展览的色情性质。[131] 一间房间里关满了喂饱的动物，墙上挂满了丛林和草原的风景图，公众摩肩接踵站在布置好的舞台前，亚马逊军团——达荷美国王的卫队——展示着队列、舞蹈和战斗艺术。十几个身穿由贝壳和珊瑚制成的华丽服饰的棕色皮肤美女——几乎是裸体的——在高大威猛的勇士的陪伴下展示着给国王带来名声和荣耀的事物。[132] 在一场充满刀光剑影和“嗜血”尖叫声的表演过后，亚马逊人坐在了舞台前。观众挤上前来，演出中的女人“朝跟她们说话的人微笑，或者满足观众的感官好奇，让观众的手在她们美丽而娇嫩的皮肤上滑动着”。接着，亚马逊人的首领古玛带领队伍走进人群，开始向热情的观众售卖纪念照片。这篇文章继续写道：

“这张照片卖多少钱，美丽的勇士？”古玛只听懂了“卖”，于是笑着说：“一马克！”“古玛，是不是有点贵了？”她摇了摇头，贝壳发出轻微的响声。过了一会儿，她把照片拿到感兴趣的人面前，接着扭动她那若隐若现的棕色肩膀，慢慢走上前去。如果感兴趣的人是个男人，她就会随时准备好笑脸相迎。照片往往是这种画面：一群勇士把她围在中间，她的乳房被挂在脖子上的一串贝壳和珠子遮住。她还有身上没有挂饰的单人照。现在，她就拿出了这样一张照片展示给底下的观众。“两马克！”她的声音从鼻腔里发出，而她美丽的脸庞没有任何表情。

虽然之前一马克的价格过高，但现在翻倍的价格却相当于白送。古玛已经彻底摸清了白人的脾性，能够自如地对付他们。[133]

人们之所以热衷于人物展览，部分是因为隐晦甚至是明目张胆的偷窥欲，这不足为奇。[134] 简而言之，展览为观众们提供了一个合法场所来观看和“研究”几乎完全裸体的男人和女人。最开始的两场展览的特色是哺乳的拉普兰美女哈吉德耶暴露的乳房，以及“令人印象深刻的”19 岁哈姆兰勇士。从此以后，裸体、美女和异国情调就在展览中起到了重要作用。有时候，报道会用保守的词汇描述展览的吸引力。例如，《法兰克福报》是这样描写 1896 年的一群萨摩亚女人的：

对于公告里提到的“萨摩亚美女”，鲁道夫·菲尔绍这样的名流介绍她们的优雅和灵巧时丝毫没有夸张的成分。这群棕色皮肤的美女身穿鲜艳的棉质服装，系着宽大的红色、蓝色或绿色丝腰带，一头精心梳理的黑发上戴着花，身姿曼妙、性格温和、眼神活泼，绝对惹人喜爱。她们当中的几个人美得让人着迷。她们跳的舞、舞蹈的歌曲或向观众敬的饮品，每处细节不仅独特，还十分契合我们的审美。

即使是这类无伤大雅的报道，也明显指出了这类展览的看点是让人们有机会盯着异域美女看。虽然展览里有男性成员，但是文章重点写的是“美女”的服饰、头发、眼睛和舞蹈。这场展览强调观众可以欣赏南太平洋天堂般的场景，当时，萨摩亚成为德国的“被保护国”，这进一步增加了展览的吸引力。尽管这篇文章的语言遮遮掩掩，但其他文章则明确地提到了这些展览的性吸引力。例如，在被问到该如何跟阿散蒂人展览中的一位女郎幽会时，彼得·阿尔滕贝格描述道：

“请问这些年轻的黑人女孩如何？可以吗？”
“不可以！”
“哦，你是个绅士，你什么也说不了。”
“我无可奉告。”

“好吧，她们收钱吗？”

“收。”

“丝巾呢？”

“也收。”

“还有别的吗？”

“没有了。”

……

“但我听说，可以买年轻的黑人女孩？！”[136]

当然，在这里，阿尔滕贝格使用的语言相对谨慎，即使他对自身行为的约束似乎并不明显。

除了对这些展览的色情内容进行的书面记载，还有照片也清晰地表明了人们对性的好奇心。正如托马斯·塞伊（Thomas Theye）所言：“对当时的欧洲人而言，购买裸体野人的照片是观察裸体的合法途径。”其结果就是“产生了大量照片，有的是无害、友好的姿势，有的明显具有性暗示”。[137]在赫尔曼·普洛斯和马克斯·巴特尔斯1913年出版的著作中，里面有几百张照片——很多来自人物展览——正如杨·莱德博根（Jan Lederbogen）所言，明显“以科学和大众教育为托词，出版异域民族的裸体照片”。[138]在过去的一个世纪里，这些照片的受众已经远远超过人物展览的观众人数，这些照片在强化异域民族跟性之间的联系的过程中具有持久重要性。[139] 当然，激发公众对性的好奇心，受益的只是哈根贝克和他的代理商们，以及其他展览组织者。实际上，即使是表面看起来最“清白”的展览，也能轻松地从这类好奇心中受益。例如，鉴于人们长期用带有性暗示的术语想象南太平洋民族——该历史可以追溯到 18 世纪布干维尔和库克周游世界的记载——我们很容易就能意识到，当人们去看哈根贝克的萨摩亚人展览时，脑海里对展览中的人物是带有某种特别的性成见的。

在 1929 年关于哈根贝克家族的官方历史中，路德维希·祖科夫斯基强调了人物展览的科学意义：“观众最初看到的是文化民族或自然民族的生活和习俗，其中具有的科学价值将展览提升到了超越单纯好奇心的层面。再者，这些展览为科学提供了宝贵的研究材料。语言学家可以研究各个地区原住民的有趣语言，语音学家可以研究关于发音形式的活生生的材料。出于这些原因，在斯特灵根展览期间，学者成了长期嘉宾。此外，人类学和民族学学者能够深入了解原住民及其服装、武器和用具。”[140]

当时的另一位家族历史学家亚历山大·索科洛夫斯基还提到了这些展览在激发公众对外国领土的兴趣（更具体而言是殖民运动）方面起到的积极作用。索科洛夫斯基写道：“我们无法不意识到，大众跟这些异域民族接触，必定会对殖民活动起到刺激和启发作用。在殖民初期，很多国民几乎完全不了解我们的被保护国的性质和人们的生活。通过展示这群人的日常生活，能提升人们对殖民地的兴趣，增进人们对殖民任务的了解。尤其是对有些人而言，跟原住民们接触能打破咒语——人们很容易被欺骗，由于无知和偏见，他们会在殖民问题上采取敌对态度。”[141] 客观地说，索科洛夫斯基在试图为哈根贝克取得的成就正名。从某种程度上讲，可以将他的论据看作他试图为展览增加额外的重要性。我们可以从字面意义来看待他的观点——展览有助于降低欧洲人对占领殖民地的焦虑。开诚布公地讲，从来没有哪一场展览会谴责欧洲人在海外的活动。在高度受控的场景中展出世界各地的原住民，并且强调自身的真实性，这样一来，德国和其他欧洲国家大城市的民众就有了跟殖民地原住民接触的第一手经验。这些展览强化了这一观念：殖民既有利于被掠夺土地的原住民，也有利于占领土地的欧洲人。展览的观众们看见高兴而满足的“原始人”过着简单纯粹的生活，对欧洲的权威几乎毫无威胁。1913 年，德国皇帝参观哈根贝克动物园时留下了一张“开心时刻”的照片，这正是大众参观人物展览时愉悦气氛的缩影（图 29）。

很明显，观众在观看了哈根贝克的人物展览后脑海里

图 29　德国皇帝威廉二世参观动物园，斯特灵根，1913 年。

浮现出什么想法，很大程度上取决于他们看的是哪一场展览。索马里人展览跟拉布拉多爱斯基摩人展览截然不同。然而，所有展览都是基于同样的假设——作为展览的目标，展出的人物要由想研究他们的人用各种方式支配。在人类学学家和解剖学家看来，展览是进行科学研究的绝佳机会，他们几乎不会考虑某些形式的研究是否符合道德标准。例如，火地岛的女人们事先已经明确表示不想接受骨盆检测，但是以西奥多·冯·比绍夫（Theodor von Bischoff）为首的科学家认为，他们有权利开展此类检测。最终，比绍夫获许完成自己的研究，尽管采用的是在前往欧洲途中死去的火地岛女性的尸体。[142] 通常来说，研究人物展览成员的科学家对自身的研究很少设限，他们会将注意力集中在被研究者最私密的部位上。重点研究不同人种的身体特征时，他们对生殖器进行了比较研究；重点研究精神信仰时，他们研究并试图解密各民族的心理和宗教理念。从这些展览中得出的数据很快就被用于验证关于种族主义的“科学理论”当中。例如，精心制作的“家族树”揭示了人类从最原始形态向最现代形态的演变过程。[143] 观察和凝视展览中人物的权利当然不限于学术团体，这一权利被展览组织者们系统性强化。阿尔滕贝格在《阿散蒂》中嘲讽道，“文明社会”的人戳着、捅着、骚扰着、引诱着人物展览的成员。毕竟，这些人被带到欧洲，就是为了娱乐大众的。类似地，偷窥者——无论是在科学研究的合法化外衣下，还是在对展览成员色情照片的公然欣赏之中——符合展览组织者的利益，这也是这类展览大获成功的其中一个因素。

卡尔·哈根贝克在回忆录中曾对展览中人物的命运稍做反思。在畅想这些人回去之后的生活时，他写道："你们早已回到了自己祖先生活过的土地，在白人土地上的旅行给你们带来了大量财富，成为你们一生中最伟大、最难忘的冒险。"哈根贝克认为，参加这些展览是被展出成员一生中了不起的大事，这一论断在接下来的年月里具有持久影响力。[145] 当然，不可否认的是，对于在哈根贝克或其他人物展览中展出的大多数人而言，这趟旅行确实为他们带来了财富和名望。金特·尼迈耶（Günter Niemeyer）以 1878 年回到家乡的格陵兰岛爱斯基摩人为例，介绍了展览在当地人之中有多受欢迎："爱斯基摩人带着各种各样的礼物和可观的报酬回到了家乡。乌库巴克邀请迪斯科港口的部落成员们参加了一场盛大的聚会。他买了很多咖啡、茶、糖、面粉和烤干面包片，够招待他们好多天。他站在一块大石头上，讲述了自己的欧洲之旅，他甚至去过巴黎。这类讲述没有尽头。谁能想象有一天没有人愿意再去打猎，而是懒洋洋地躺着，梦想着有一天能去南方旅行。局面变得难以收拾，于是丹麦政府禁止再将格陵兰岛的爱斯基摩人带到欧洲。”[146]尼迈耶将丹麦政府禁止将格陵兰岛原住民带到欧洲的原因解释得很有趣，但这种解释仍然非常缺乏反思和判断力，尤其是考虑到哈根贝克的第二次爱斯基摩人展览的情况，当时，来自拉布拉多的8个人都在欧洲巡演期间死于天花病。在1910年出版的拉布拉多和摩拉维亚传教团编年史中，戈斯林谴责了将爱斯基摩人带到欧洲和美国进行展览的行径，呼吁采取法律手段加以阻止。提到哈根贝克展览时，他写道：“汉堡著名的野生动物展览者哈根贝克派人来到拉布拉多，引诱了8名爱斯基摩男人、女人和儿童前往欧洲进行展览。当地同胞们立刻意识到了可怕后果，动用所有力量劝他们不要去。但是想到能轻松挣一大笔钱，这种诱惑让这些人没有理会传教士的警告。他们的厄运很快就降临了。”戈斯林总结道，这些“可怜的生物被屠杀来满足人们的狂欢”。[147]

因此，即使展览的很多成员回到家乡后拥有了丰富的经历，而且按照同胞的标准，带去了大量的钱财和礼物，但是必须清楚地说明，这些展览从来都不是为了让原住民受益的。而且跟展览获得的巨大收益相比，成员们从中获得的财富显得微不足道。[148]再者，展览成员带回去的东西很少跟“文明”沾边。出于真实性的需要——“土著人要足够本土化”——组织者往往不会对他们进行任何形式的持续教育。[149]因此，除了少数例外，这些被带到欧洲巡演的人在没有获取任何实质性欧洲语言教育、读写技能或科技（如缝纫机）使用指导的情况下回到了家乡。同样地，这些人回去以后，哈根贝克和他的代理商们也没有继续付出努力，去追踪观察这趟旅行是否对成员们产生了持久的消极影响——例如，疾病的传播。原住民只有保持“本土化”才有价值，展览过后，他们被悄无声息地送回了家。

在1885年出版的哈根贝克自传中，海因里希·洛伊特曼提道:“似乎人们总可以发现大惊小怪的事情，也有人想要把这场‘人物展览’描述成有辱人格的活动。这样说的话，人们必须还得谴责整个戏剧行业和所有公共演出，因为在人物展览中，人们只是自然地表现自己，而戏剧演员们则需要用技艺进行角色扮演。所以没必要再在这个话题上浪费口舌，自愿前来的人不证自明。”[150] 洛伊特曼知道有少部分观众在展览人物身上发现了有损人格之处，于是他这样为展览正名:“展览毕竟只是一种娱乐形式，即人们走上舞台，供其他人观看。这些展览实际上比通常的戏剧更容易让人接受，因为展览中的人物不必假装自己是另一种人，也就是说，他们只是在自然地‘表演’。”在这一问题上，我们必须搞清楚，这些展览的确是戏剧表演的一种，但是我们没有实质理由认为展览中的人物是在自然地“表演”——或者认为他们在本色出演——也没有理由接受洛伊特曼的断言，即这些展览不会比其他形式的戏剧表演更加“有损人格”。哈根贝克反思展览人物的命运时，他平息争议的方式比洛伊特曼更加实事求是。他问道：“非洲人、印度人、‘荒野之地的红皮肤’、爱斯基摩人和拉普兰人，你们现在在哪里？在白人了不起的领土上，你们曾经信任我的领导，人们成群结队地凝视着你们，仿佛你们是神话般的动物。”[151]“神话般的动物”，的确是这样，但是这个比喻只揭示了部分事实。展览中的人物被当作动物展示（被放在欧洲的动物园里），正是哈根贝克展览人物的经验和他在创造展览方面取得的成功让人们相信，自己眼前所见的就是自然状态下的人。这位富有革新精神的思想家改变了我们对异国动物的想象。正如我们将看到的，哈根贝克的动物展览很快就会趋同于他为原住民精心打造的展览。

终 曲

1931 年春天，哈根贝克组织的最后一场人物展览的成员从新喀里多尼亚来到德国。与卡尔·哈根贝克 1878 年从英国带回来的一群印度仆人的灾难性经历（他们更像是英国人而不是印度人）相呼应，家族历史学者金特·尼迈耶这样写道：“他们的到来足够令人失望。他们穿着欧洲服饰走在汉堡大街上，很少引起人们注意。所以情急之下，必须按照民族学博物馆中‘原始服饰’的样子为他们打扮。”问题是，到了1931年，离纳粹夺取德国政权只剩两年时间，很难找到符合既定刻板印象的“真正原始”的人。而德国人似乎对“文明的野蛮人”不感兴趣。尼迈耶抱怨道，当用原始工具制作的船下水时，“本土人”竟然翻船了，“虽然在白天，他们按照规定跳草裙舞，但是到了晚上，他们就在街上跳起了狐步舞和摇摆舞”。[152]

最后一次展览的成员们于1931年6月21日被早早地送回家。但是，这并不是人物展览的终结。人物展览仍然存在，尽管是以不同的形式。一方面，我们可以在莱尼·里芬施塔尔（Leni Riefenstahl）拍摄的狂热、难忘而又令人不安的努巴人和卡乌人照片中再次看到他们的身影，这些照片引发了游客去非洲拍照的热潮。另一方面，我们还可以在20世纪末关于原住民的纪录片中、在现代美国电视上播出的“畸形秀”中看到人物展览的影子。有时，我们似乎能在最意想不到的地方看到哈根贝克人物展览的痕迹。我最近在参观华盛顿特区的大屠杀纪念博物馆时，发现了一张马加克的照片，她正是在1878年爱斯基摩人展览中跟自己的丈夫和两个孩子一起被展出的女人。在关于纳粹种族意识形态的展览中，设计师创作了满墙的“人种”照片，它们选自第三帝国时期关于种族话题的书，其中就有马加克等人物展览成员的照片。有关种族话题的展览会不可避免地变成种族主义展览，我们不必对此感到太惊讶。在有关种族话题的文本中，在纳粹意识形态里，在博物馆展览中，马加克就是一个籍籍无名的“爱斯基摩人”。在哈根贝克的展览里，她的待遇也好不到哪里去。

第四章　乐园

我在马戏班子登台演出之前，经常看到两个艺人在屋顶下的秋千上进行空中飞人表演，他们摆动着身体飘来荡去，时而跃向空中，时而扑向对方的怀里，一个用牙咬住另一个的头发，我直纳闷："如此炫耀自己而不顾他人的运动，居然也称得上是人类的自由？"这真是对神圣大自然莫大的嘲讽！

——弗朗茨·卡夫卡笔下的红彼得

哈根贝克的人物展览之所以如此成功，是因为他们呈现出了"异域"民族本来的样子。在为这些展览布置精致的场景时，公司努力打造逼真的环境，从而保证展览的真实性。他们的目标是在德国建造印度、北非、格陵兰岛或美国大平原的原始村庄，持续将观众们运往某处遥远的但极其容易想象的场所。回看这些展览的照片，例如 1912 年的贝都因人展览，我们可以发现，在照片里，展览的真实性往往令人吃惊

图 30　斯特灵根的贝都因人展览，1912 年。

（图 30）。然而，正是这些展览的核心理念——展示真实形象——最终使这些展览不堪重负而崩溃。

有几个因素导致这些展览最终走向失败。首先，在 19 世纪 90 年代和 20 世纪头 10 年里原住民掀起抵抗和叛变后，人们好不容易形成的对“帝国”这一概念的乐观态度遭受重创。尤其是在德国，政府和人们普遍不看好德国在非洲、亚洲和南太平洋建立起来的殖民地的前景。当然，在“一战”期间和之后，“帝国”这一概念几乎被推翻。这一经历让欧洲国家的公众和政府体会到了强权政治可能招致的恶果。随着在远离欧洲的土地上征服殖民地、扩张领土的光辉形象遭到几乎无可挽回的破坏，人物展览的观众对展览试图描绘的秩序井然、幸福安康的世界越发持批判态度。其次，随着照片的普及，尤其是电影成为“研究”外国人的首选方法——这些方法可以让观众不停地观察研究对象，并且不必因为对方的对视感到不适——人物展览开始被人类学电影和流行杂志取代。为了跟人物展览竞争，这些新型媒体声称自己的真实性更高，它们声称自己要在真正的本土环境中展示真正的事物。最后，也许最重要的因素在于，哈根贝克的“真实幻想”无法再持续，因为公司已经无法找到“真正的”本土人了。也就是说，公司再也找不到愿意来欧洲、能满足大众对原始性的期待的人了。

此前，随着大众越发质疑传统的人物展览——传统展览更类似于露天游乐场的畸形秀，而不是为科学界所接受的民族学展览——哈根贝克受到启发，利用大众对观看真实原住民的狂热情绪，试图创建一种新展览来说服观众，让他们相信眼前所见的不是来自德国某座城市某个假村庄的表演者，而是来自某片真实异域土地上的真实原住民。但是，这些原住民却不配合了，他们开始为自己发声。他们明确表示，在造访欧洲时，他们更愿意打扮成欧洲人，他们跟组织者一样喜欢酒、烟和其他娱乐，他们并不害怕用德语、法语和英语跟德国人、法国人和英国人索要小费，或者以物易物。

哈根贝克人物展览中固有的紧张和矛盾性在弗朗茨·卡夫卡笔下的猿猴——被哈根贝克的代理商抓住的红彼得——身上也十分明显。红彼得回想起最初在前往欧洲的轮船上的日子，他被关进了一个钉在箱子上的三面笼子里，他说："老是贴着笼壁，我非送命不可。可是哈根贝克公司认为，这本来就是猿猴待的地方。那么，我只得向猿猴生涯告别了。一个清晰而又美妙的念头就这样在我的肚子里油然升起，因为猿猴是用肚皮思想的。"[1] 在红彼得看来，成为人类需要一系列清晰步骤。首先，他要学会吐痰，然后要学会抽烟斗。虽然刚开始他厌恶烈酒的味道，但他最终还是克服了这个障碍。他解释道：

有一天晚上，大概是什么节庆日，留声机里传来阵阵歌声，一个当官的在人群中来回踱着步子，我趁人没注意，抄起一只人们无意中放在铁笼子跟前的烧酒瓶子。这当儿，人们的目光已颇有兴趣地集中到我身上，我在众目之下老练地打开瓶塞，毫不犹豫地把酒瓶举到唇边，眉不皱、嘴不歪，瞪大眼珠，放开喉咙，活像一个喝酒老手，一股脑儿把一瓶酒喝了个底朝天。这一举动对于老师和我来说是一个多么了不起的胜利啊！紧接着，我就像个艺术家，而不再是绝望者，把酒瓶一扔。这回我虽说忘了摸肚子，却干了件更漂亮的事情，由于力量的推动、意志的轰鸣，我竟用人的声音清脆而又准确地喊了一声“你好！”就是这声呼喊使我跃进了人类的行列，随之也招来了人类的回复，“听啊，他说话了！”我顿时感到，这回声像一个亲吻，霎时传遍我大汗淋漓的身体。[2]

被转交给汉堡的驯兽师后，红彼得迅速成长为一名表演者，他努力地避免再次沦为囚徒。他记录道：“我毫不迟疑地告诉自己，要全力以赴进马戏团，这就是出路。动物园只不过是一个新的铁笼子，一旦进入，便失去一切。”[3]

正如我之前指出的，在红彼得的故事里，我们看到的不仅仅是成功化身为人的猿猴向我们展示人与动物之间的互动，这个短篇故事的中心仍然是红彼得探索自由的本质。他当然思考了一位艺术家由于平庸观众的期待而获得的受限的自由，但是他也广泛地思考了所有受限或被困的生物想象中的自由。从某个层面上讲，红彼得认为，自由意味着逃脱有形的牢笼。在故事里，卡夫卡正在挖掘一种已经很流行的意象：把动物园视为无辜动物的牢笼。例如，在1869年《每日新闻》的一篇社论当中，评论员在谈到明显富有同情心的观众时，写到了伦敦动物园将要建造一座狮子屋："狮子在玩耍，就像在自己丛林家园中一样自由。老虎有的蹲伏在地上，有的在跳跃，有的在嬉戏，像在印度低地平原上一样无拘无束。这就是每个对动物学感兴趣的人的梦想。我们都对凄凉的动物笼子感到厌倦。狭窄的通道、头不知疲倦地晃动、厌倦的表情、人为的习惯……无数人将会感到满意，经过深思熟虑，动物园终于找到了在自然状态下展览狮子和老虎的方法。"[4]但最后，1876年在摄政公园建成的新狮子屋远远不是社论中所说的"自然状态"。里面仍有用重重铁栅栏围成的笼子，尽管笼子能透过阳光与空气。然而，正是这些铁栅栏——如此清晰地标志着动物的囚禁——一再引起动物园游客的注意。1907年，诗人莱纳·玛利亚·里尔克（Rainer Maria Rilke）站在巴黎动物园的黑豹笼子前，认为这些铁栅栏必定构建了动物的全部现实："他眼前的这些铁条使他震惊不已：眼睛已经无法聚焦。在他看来，似乎有上千根铁条。上千根铁条，没有别的。世界根本不存在。”[5]的确，在19世纪末的很多游客看来，动物园首先是一个囚禁场所，是把动物关起来的地方。

但是，在另一个层面而言，尽管红彼得一心想要找到一条逃出铁笼的“出路”，但是他将这种渴望跟对自由的渴望区分开来。他解释道：“我担心人们不理解我所说的出路是什么意思，其实我用的是它最基本最完整的含义。我有意不用自由这个词，我指的并非无拘无束的自由自在的感觉，作为猿猴，我领略过此种感觉。我也结识了一群渴望获得这种感觉的人。但是就我本身而言，无论过去还是现在，我从不对自由有任何奢望。顺便提一下，人类用自由招摇撞骗，似乎太多了一点。正如自由被视为最崇高的情感之一，其相应的失望也变得最崇高。”[6]红彼得的意思是，人类所谓的“自由”——在他的例子中，是指杂技演员在空中飘来飘去——并不是他这只猿猴所谓的自由。那只是一种高度受限的自由幻想。他表示，人类社会没有真正的自由，没有真正的“宽敞感觉”，只有对自由进行的简单、狭隘的模仿或者表演。当然，人物展览就是这样的表演，卡尔·哈根贝克的非人类动物也即将进行这样的表演。

卡尔·哈根贝克首先试验用新技术训练参加表演的动物，然后在斯特灵根创建了他的“动物乐园”，试图消除红彼得的批评背后的问题——将无辜者囚禁在铁笼里。哈根贝克对这一批评的有效回应彻底改变了今后动物园里展览野生动物的基础模式。哈根贝克创建了没有铁栏的围场——用壕沟和岩石等地貌元素隔开动物和观众——从而为展览动物设置了标准。如今的大多数现代动物园和水族馆仍在延续这一模式。但是，哈根贝克对囚禁问题的回应，必然受到动物所享受到的虚幻的“自由”的限制。实际上，在本章的末尾，哈根贝克的人物展览跟他之后的动物展览之间的深层联系，将带领我们思考贯穿于两类展览中的并行的潜在困境。最终，通过这种审视，我们会发现人们对21世纪动物园的期望存在根本的局限性。

马戏团：人道训练的狮子表演

卡尔·哈根贝克重新思考动物展览方式的第一步，是尝试将所有马戏团演出整合在一起。重要的是，这些尝试是直接从人物展览中生成的。据哈根贝克介绍，他的一场锡兰人展览造成的一个令人困惑的遗留问题便是，有一大群大象被留了下来，无法立刻找到买家。展览留下了大象、设备和一大堆手工艺品。在考察了欧洲的大型展厅之后，哈根贝克突发奇想，他应该追随美国的流行趋势，组织一个流动式大帐篷马戏团。在他看来，大帐篷能使展览更加灵活，能将旧展览运送到新城市去，摇身一变成为新展览。于是，由斯里兰卡的20名艺人表演者、各种受训的动物和一群干活的大象组成的“卡尔·哈根贝克国际马戏团和锡兰车队”于1887年在汉堡海利根盖斯菲尔德区开业了。跟人物展览一样，哈根贝克注意到，要组建流动马戏团，迫在眉睫的是要解决财务问题。他说:“我一头扎进了这个新项目中，但我更多是在回应当下的市场需求，而不是我个人的愿望。我必须承认，我对这门生意并不感兴趣。”[7]尽管哈根贝克的马戏团克服了暂时的财务问题，公司也几乎未受影响，并且直到“一战”前都在持续训练动物进行展览，但哈根贝克从未热衷于马戏团生活。他儿子洛伦茨回忆道，父亲曾反复对年轻的马戏团迷说:“不，孩子，你成为不了吉卜赛人的！”[8]

哈根贝克经营的第一个马戏团项目似乎开局不利。在汉堡开业的那天，一场风暴将帐篷撕得粉碎，哈根贝克本人差点儿被倒塌的帐篷支柱砸到。但他们马上就预订了一顶新帐篷，展览在欧洲巡演了两次。然而，哈根贝克仍然对马戏团和马戏团演员中的“乌合之众”感到沮丧。他在一场马戏团活动中跟美国合作伙伴产生了法律纠纷，最终催生了美国哈根贝克-华莱士马戏团的成立。[9]在1908年的回忆录里，他简单地总结道:“跟这些人打交道，很难保持心态平和。他们的内心根本就不存在忠诚和信任。”[10] 马戏团反复遭灾，其中就包括 1888 年在慕尼黑的事故：8 头大象在一次游行中受惊，在城市中横冲直撞，导致数百人受伤和几人死亡。1889 年，哈根贝克卖掉了第一个马戏团。

但是，他的马戏团事业并未结束。哈根贝克的弟弟维赫姆拥有一所动物培训学校，在卖掉马戏团的同一年，哈根贝克在弟弟的帮助下策划了最新的展览——展出用全新的方式训练的 4 头狮子。用他自己的话说，他抛弃了“旧的、残忍的动物训练方法”。[11] 他说，经过这么多年，他终于坚信“动物是跟我们一样的生物，它们的智力跟我们只有程度和强度上的区别，而不是类型上的区别。它们爱憎分明”。哈根贝克表示：“对待动物，用爱、善意、毅力和纪律要比动用暴力能够获得更多回报。”[12] 哈根贝克想仔细挑选杂耍动物，用夸赞和肉来训练它们，偶尔只在动物马虎或粗心时用鞭子训斥它们，并且后来逐步废除了鞭子、击棍、炽热的镣铐、手枪和铁棍。

据哈根贝克表示，1887 年至 1889 年，他前前后后接触过 20 多头狮子，最终决定对其中 4 头进行强化训练。他要训练这些狮子做一些不寻常的动作。哈根贝克说，快结束的时候，“驯兽师驾着两轮马车——就像古罗马的双轮敞篷马车——让 3 头狮子拉着，在 40 英尺的圆形笼子里全速飞奔”。[13] 从 1889 年到 1892 年，狮子在欧洲的巡演大获成功，哈根贝克和他的助理继续训练其他动物。狮子不仅是流动式马戏团的成员，更是一项利润丰厚的事业。哈根贝克表示，狮子表演成为整个公司最赚钱的活动。[14]

训练狮子取得的成功激励哈根贝克训练更多大型动物，并为 1893 年在芝加哥举办的哥伦布纪念博览会筹备一场大型演出。但刚开始的兴奋劲儿还没持续多久，他很快就遇到了重重困难。首先，哈根贝克最好的一组表演动物—— 12 头狮子、两头老虎、一头猎豹、两头南美马来熊和一头北极熊—— 1891 年在水晶宫因为吃了坏肉全部中毒身亡。当哈根贝克想尽一切办法重新运来一批老虎和狮子时，1892 年春天和夏天，许多动物幼崽——至少有 7 头老虎和 4 头狮子幼崽——死于霍乱。随后，霍乱开始在那个夏天的汉堡肆虐。据哈根贝克表示，在短短的几个月里，他就损失了价值 7 万马克的动物。即便如此，哈根贝克还是带着活下来的一群狮子、老虎和熊，还有大约 150 个灵长类动物和 80 只鹦鹉，于 1893 年春天抵达了芝加哥。不幸的是，他和他的美国合作伙伴在大道乐园建造的价值超过 10 万美元的大楼尚未竣工。这座大楼据说是仿照罗马斗兽场建造的，可容纳 40000 名观众和 6000 名表演者。在展览开始之前，哈根贝克又因为恶劣天气损失了价值 2000 美元的动物。

尽管遭遇了重重困难，但是有关博览会的记载称，哈根贝克的展览还是提供了绝佳的娱乐项目。纪念册《世界博览会：哥伦布纪念博览会图画史》里写道：“从表演节目中，我们能发现在罗马国家剧院院长的监督下，斗兽竞赛开始复苏的迹象。罗马最辉煌时代的最有趣节目在我们的现实生活中得到了呈现。没有浅薄的戏剧效果。农民出身的大量体态健美而强壮的男人和最漂亮的意大利女人都加入这些表演当中。有男人跟野兽的搏斗、马车比赛和其他竞赛。”这场展览看起来似乎跟哈根贝克的人物展览很类似，但其展示了一种历史场面——军队凯旋，男女俘虏被发配为奴隶，还呈现了“酒神节舞蹈”和迫害基督徒的场面，“哪怕是最挑剔的观众也会对展览感到心满意足”。[15] 总之，这场展览里既有皇帝和元老院议员，也有无家可归者，旨在还原古罗马时期的生活。纪念册接着介绍了动物展览：“但是展览最吸引人的部分非动物展览莫属，其中一些表演精彩绝伦。你会看到熊走钢丝、表演歌剧，披着貂皮斗篷、头戴王冠的狮子在场内驾驶着由皇家虎拉的战车凯旋。骆驼穿上了溜冰鞋。河马尝试在秋千上表演，难以驯服的犀牛像是一名温顺的演员。”动物表演继续上演，被催眠的猴子用自己的语言跟观众对话，鹦鹉玩着尤克牌游戏，用 65 种不同的语言讨论着奖品。一头叫莉莉的矮象尽管已经 10 岁左右了，但只有 3 英尺高、3 英尺半长。[16]

哈根贝克的剧场提供的娱乐项目实在令人拍手称快（图 31）。

除了总体描述，也有更具体的描述展示了哈根贝克展厅里动物展览的性质。展览尚存的官方节目单《哈根贝克的剧场和世界博物馆》封面是卡尔·哈根贝克和他的妹夫兼驯兽师海因里希·梅尔曼（图 32）。节目单明确提示观众展览分成两部分，在独具一格的圆形笼子里上演。第一部分包含一系列动物表演：马塞拉·伯格率领一头大象、两匹设得兰矮种马和两只大丹犬出场；俄国小丑和驯兽师贝克托夫先生用受训的猪进行表演；在贝克托夫之后，“矮象莉莉”——世界上最小的大象闪亮登场；接着出场的是维赫姆和卡尔·哈根贝克的标志性演出“马术狮”——3 头狮子分别在艾拉·约翰斯顿、威廉·费拉德尔菲亚和约翰·潘吉的指引下围绕着竞技场骑马。

展览的第二部分，出场的是驯兽师海因里希·梅尔曼。他展示的节目令人惊叹。当然，这些活动几乎都有这种效果。节目单写道：“这位驯兽师之王向人们展示了一大群受训动物，包括狮子、老虎、黑豹、美洲豹、大丹犬、北极熊、懒熊和西藏棕熊。它们都在同一个竞技场里，只有亲眼看见，你才会相信这类表演的存在。这些野生动物训练的完美程度几乎让人难以置信。这场表演得到了欧洲所有国王的赞助。”梅尔曼的表演包含 12 场，环环相扣，直到最终的胜利场面。

图 31　哈根贝克的展厅，哥伦布纪念博览会，1893 年。

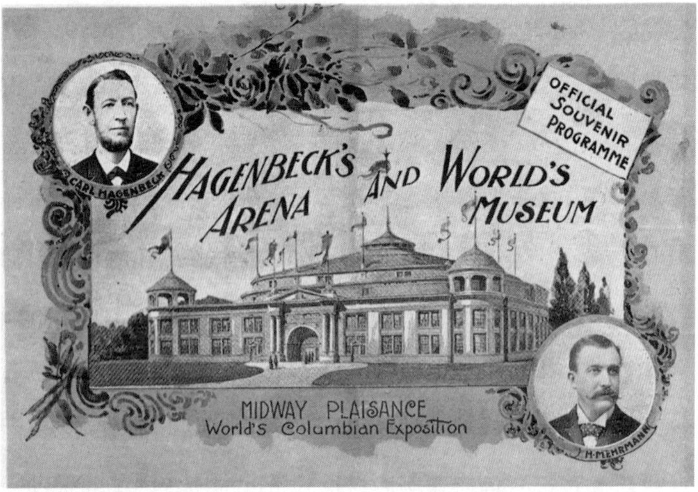

图 32　哥伦布纪念博览会官方节目单封面，“哈根贝克的剧场和世界博物馆”，1893 年。

我们有必要列出完整节目单：

> 1. 站在桶上的熊；2. 骑三轮车的老虎；3. 骑三轮车的狮子；4. 走钢丝的熊；5. 跨栏比赛——大丹犬跨过狮子和老虎撑起的栏杆；6. 跷跷板——由狮子、老虎、黑豹和熊表演；7. 动物园的台阶——由狮子、老虎和大丹犬表演；8. 站在滚动的球上的孟加拉虎；9. 站在滚动的球上的熊——后腿在球上行走；10. 大丹犬障碍赛——跨过由狮子和老虎组成的活动障碍；11. 狮子王凯旋——身穿王袍、头戴王冠，由两头孟加拉虎拉着战车，两只大丹犬做步兵；12. 伟大的动物金字塔——由狮子、老虎、黑豹、美洲豹、熊和狗组成。[17]

吸引观众前往哈根贝克竞技场的原因在于，各类动物在大众眼里原本是不共戴天的仇敌，竟然能毫无敌意地一起表演，尤其是令人惊讶的“狮子王凯旋”（图33）。一个夸张的展览纪念册里有一张名为“幸福一家”的照片，照片里狮子和狗紧挨着，文字部分解释道：

> 哈根贝克动物展览里所展示的价值远超我们的想象。它们融合展示了人类仁慈的力量和救赎凶猛动物的可能

图 33 “狮子王凯旋”，哥伦布纪念博览会，1893 年。

图 34 哈根贝克的动物海报，哥伦布纪念博览会，1893 年。

性；它们证明了狗（或者羊）会躺在狮子身旁，而这两种动物都不会遭受伤害。以下插图展示了“森林之王”和兴高采烈的狗之间的相互信任，就像银行家和存款人那般相互信任。狗只想轻咬狮子的腿，或者对着狮子的耳朵窃窃私语。说起彼此相互信任，可以从狗“我要嗅嗅你”的滑稽表情和它的伙伴“我想听听你会说什么”的淡定表情中看出来。这些小团体聚集在一起，就像法庭会议一样，是孩子们在芝加哥能看到的最令人高兴的展览。不管这些小观众之后会长得多大，他们永远不能也不会忘记哈根贝克竞技场里人与野兽、野兽与人之间建立的“和平条约”。[18]

这段文字的主要内容在关于哈根贝克芝加哥展览的报道中反复出现，表明展览抓住了广大观众的胃口。正如一个德国画册中解释的那样：“哈根贝克的动物展览证明理想实现了。狮子躺在羊和狗旁边，虽然它们根本无法自我保护，但它们还是放心地跟最凶险的野兽一起玩耍。这些受过良好训练的动物每天都吸引着成千上万名好奇的观众观看。哈根贝克先生在全球享有盛名，被称为最成功的野生动物导师和驯兽师。他展示了人类精神的力量是如何驾驭动物大脑和残忍力量的，这种能力举世无双。”[19] 回顾这类描述，同时回看一张令人震惊的海报（图 34），能明显发现哈根贝克的展览是动物展览历史中的一个重要里程碑。虽然在过去的年月里，哈根贝克一直在展示他的实验成果，但在芝加哥，他的动物在至少 100 万名观众面前进行了表演，次年去了纽约麦迪逊花园广场、曼哈顿海滩，之后又回到了麦迪逊花园广场，这使他成为动物训练史上最伟大的人物之一。[20]

在哈根贝克看来，他最重要的创新在于发明了一种新方法，即根据动物的能力用“仁慈力量”来训练动物。在讲述哈根贝克和马戏团的故事时，人们会默认是哈根贝克创建了训练动物的人道方法，尤其是大型猫科动物。虽然这个说法部分正确，但仍值得商榷。首先，并不是所有驯兽师都用残忍的暴力和恫吓来训练动物——尽管在 19 世纪末 20 世纪初的廉价通俗小说中这类描述十分流行。例如，1869 年的一本训练手册中提到，比起用暴力，用仁慈心训练动物能收到更好的效果。这就表明哈根贝克的观点并不完全是革命性的。一本名为《哈尼的动物训练艺术》(*Haney's Art of Training Animals*)的书中写道：

> 当动物知道你想让它做什么的时候，在大多数情况下，它都会立即高兴地听从你的命令。正因如此，惩罚很少起到正面作用，除非动物是故意的。当然，这种情况很罕见。通常情况下，惩罚动物也会阻挠课程的顺利进行。

> 如果动物一直害怕被打，那么它的注意力就会偏离课程。它会害怕尝试遵守指令，因为它害怕失败。它会偷偷摸摸的，这会严重影响它的表演。用击棍训练马的驯兽师就会这样做，这些动物永远比不上用更温和的手段训练出来的动物。若是没有罕见天赋的话，驯兽师的成功会全部毁于他的残忍手段。他是我们知道的唯一一个不用仁慈心来训练动物的驯兽师。一句尖锐的话，或者用小鞭子轻轻拍打，也能像最严厉的惩罚一样展示你的不满。让动物遭受不必要的疼痛既残忍又不明智。[21]

人们对用仁慈心训练动物达成了广泛共识，19 世纪 90 年代，马戏团的大多数人对用暴力方法训练危险大型动物越来越感到不满。跟哈根贝克同时代的弗兰克·博斯托克（Frank Bostock）和弗朗西斯·费拉里（Francis Ferari）、约瑟夫·费拉里（Joseph Ferari）兄弟，也在采用更人道的方式训练动物，并且取得了同样的效果。马戏团对残忍训练手段的批评越来越敏感，这一点可以从 1903 年巴纳姆和贝利马戏团的官方手册中明显看出："我们必须要公正而真诚地宣布，这场展览里展出的各类动物都是用仁慈方式训练的。世界上最伟大的指挥者和运营者贝利先生，是爱护动物协会最重要的成员和支持者。他严禁驯兽师在公共场合或私下里发脾气。"[22]

其次，正如“哈根贝克是凭空创造出训练动物的全新方法”这一说法并不完全准确一样，说他的驯兽师们并不需要通过所谓的残忍手段进行训练，并不符合实际。例如，在1883年发表的一篇名为《森林与小溪》的文章中，一个人声称自己研究过汉堡的哈根贝克。他表示，恐吓在驯兽师中是家常便饭，“鞭子是驯兽师的主要工具，鞭子的使用再正常不过了”。[23] 类似地，威廉·费拉德尔菲亚（William Philadelphia）在汉堡就认识卡尔·哈根贝克和威廉·哈根贝克，并于1893年至1894年在哈根贝克的竞技场工作。回忆起自己训练著名的狮子“黑王子”时，他回忆道，他采用的手段其实并不符合哈根贝克的说法——只选用那些具备学习能力的动物，从不用暴力训练它们。费拉德尔菲亚负责抚养和驯服刚从非洲运来的动物幼崽。他描述了自己在笼子外面跟动物耐心交谈几天后，第一次跟动物面对面的场景：“我钻进笼子，两只手上各拿着一根木棍。我刚进去，它就显示出凶猛的天性，跳起来要咬我喉咙。我朝它的头和腹狠狠地打了两三下。它退了回去，没有发出咆哮声，而是发出了幼狮特有的奇怪咕噜声。接着它一次又一次朝我冲来。我又用棍子打它，但是下手没那么重，以免让它受重伤。我避开它的背，幼狮的背很容易受伤。被棍子打了好几下后，它躲开我，躲到笼子的角落里生闷气。”[24] 这样训练几周后，费拉德尔菲亚说道："野兽害怕的不是可能会受到多少疼痛，而是某些模糊未知的、无法理解或应对的巨大力量。驯兽师就是这样控制狮子和老虎的，而不是通过其他人不具备的固有美德，以及迷人的眼神。这些都是胡扯。一个人会通过不懈的耐心在狮子眼里成为宇宙中具有无穷力量的人，必须让它们俯首称臣。"[25] 当然，在某种程度上，费拉德尔菲亚的记载可以被视为他努力让自己给读者们留下深刻印象的手段——残忍的驯兽师仍然具有某种浪漫的吸引力。但同时，从他的轻描淡写中，我们似乎也能清晰地看到，殴打狮子、老虎和熊仍然是驯兽行业广泛采用的方法。

哈根贝克和他的历史学家们一直在重复夸大他的驯兽"新方法"的革命性，但是他们几乎完全忽视了他的动物表演团在动物展览史上的深远意义。要理解这一意义，我们就要绕开训练的话题，转而聚焦于哈根贝克团体表演的性质。要想知道哈根贝克的表演跟之前的表演有多大的区别，只需要跟范·安博尔（Van Amburgh）的精彩表演作简单比较便可明了。从 1833 年第一次钻进狮笼，到 1893 年哈根贝克的展览在芝加哥登场，60 年里，他也许是最受欢迎、影响力最大的驯狮人。

范·安博尔的表演似乎相当简单，其表演风格可以通过艺术家埃德温·兰西尔（Edwin Landseer）的绘画轻松识别出来（图 35）。这位勇敢的表演者打扮成一个罗马角斗士，进入一个关满狮子、老虎和豹子的长方形小笼子。通过展示他的身体和所谓的“道德力量”，野兽很快就会被“人体的自然美”和驯兽师挥舞着的标志性铁撬棍制服。[26] 从维多利亚女王 1839 年 1 月 24 日在德鲁里巷皇家剧院观看范·安博尔表演的报道中，就可以感受到这一表演的暴力氛围。该报道在范·安博尔的整个职业生涯内反复被提及。

> 晚上，女王穿过剧院的舞台，想看看动物在进食的时候展现出的更加兴奋和凶猛的一面。在剧院条件允许的情况下，人们做好了各种预防措施，好让女王感到相对舒适和清净。这些动物被有意禁食 36 个小时，在范·安博尔表演期间就已经展示出强烈的渴望，狮子和黑豹同时攻击了放入笼子里的羊。要不是被近乎超人般勇猛的主人鞭打得蜷缩成一副楚楚可怜的模样，它们肯定都会狠狠咬上一大口。当脱离权威的控制时，扔在它们当中的第一批食物首先被狮子抢走，这足以击碎任何质疑其可怕残忍天性的想法。豹子用前爪抓住一大块肉和骨头啃食，它翻转的眼珠像闪电一样明亮迅疾，只有在狮子突然跳起时才分散注意力。狮子吃完了自己的食物后，准备夺取凶猛的邻居剩下的食物。兽笼被剧烈碰撞，发出如大树倒地一般的巨响，

图 35　埃德温·兰西尔，范·安博尔的肖像画，1847 年。

其剧烈程度足以撼动最强大的神经。尽管王室成员中最大胆的人都被动物之王出乎意料的猛冲吓得后退，但是年轻的女王自始至终没转动过她的脸或脚，而是目不转睛、聚精会神地继续观看这个新奇而动人的场面。[27]

在范·安博尔的表演中，狮子的确跟羊躺在一起，但只有在被棍棒打屈服的情况下才会如此。[28]追随着范·安博尔的脚步，部分驯狮人致力于给人留下这样的印象：驯兽师时时刻刻在冒着生命危险工作。[29]在现实中或在小说中，大量驯兽师在这类场景中死去，这似乎让他们更加为大众所熟知。约翰·亚当斯在早期的绰号为“加州的范·安博尔”，他的表演诠释了他与他的熊“本杰明·富兰克林”之间的永恒友谊。即使是这样的表演，最终也聚焦于亚当斯跟各种熊的殊死搏斗，而本杰明则选择跟他并肩作战。[30]

的确，哈根贝克的驯兽师也经常跟凶猛的野兽搏斗。然而，当我们想起哈根贝克的表演，例如“危险的朋友”——骑三轮车的老虎（图 36）、“伟大的动物金字塔”和“狮子王凯旋”，就能明显看出哈根贝克的展览所推动的变革，即动物之间、动物与人之间新的互动方式。我们看到的不是角斗士把野兽打到屈服，而是来自汉堡的前商人海因里希·梅尔曼，穿着晚礼服得体地站在他那些平静的、完全不咆哮的动物身

图 36 “危险的朋友”——骑三轮车的老虎，哥伦布纪念博览会，1893 年。

边。《麦克卢尔杂志》的一名记者写道："我注意到，哈根贝克动物展览里最引人注目的，就是动物之间展现出了了不起的团结和平和。它们整天都在相互爱抚、打闹玩耍。"[31] 回忆起芝加哥的展览时，另一名作家乐观地写道："也许历史是错误的，人类成为狮子口中的猎物这一事实出现了严重错误。狮子和人类都跟2000年前有所不同，或者在最理想的情况下，博览会在人类和野兽之间建立起了和平与团结的桥梁。"[32] 哈根贝克的动物展览真正令人惊讶的，是它抓住了观众在看到自然状态和被囚禁状态的动物时流露出的感伤情绪。长期以来的故事都在讲他用各种仁慈手段训练动物，其实并没有说到点子上。这些故事本身只是哈根贝克试图用动物展览传达的总体形象的一个表现形式——或许是一个必然结果。这个形象充分诠释了仁慈的驯兽师自信满满地走在动物门徒中间的画面，这些动物尊敬、崇拜，最重要的是爱它们的饲养员。这个形象塑造最终在哈根贝克开创性的动物乐园里达到了顶峰。

动物园：动物的乐园

19世纪的最后10年里，哈根贝克发现自己越发需要更大的空间来容纳不断增加的动物。一方面，公司在迅速扩张，不断收到非洲、日本、中国和南美洲等世界各地新开张动物园的订单。另一方面，私人采购动物的市场也在扩张，包括弗雷德里克·冯·法尔兹·费恩、贝德福德公爵以及沃尔特·罗斯柴尔德男爵，其中一些人的私人藏品可以跟任何公共动物园相媲美。除此之外，哈根贝克的动物也越来越多地出现在狩猎公园里。哈根贝克开始向潜在投资者们提出建议——他正确预见了将近一个世纪后全世界才出现的场景——在欧洲和美洲建立大型狩猎公园，供人们狩猎熊、驼鹿、麋鹿，以及狮子、老虎和大象。[33]19 世纪 80 年代，哈根贝克一年只卖掉了大约 20 只狩猎动物，但是到了 19 世纪 90 年代，这个数字猛增至数百。无论如何，随着越来越多的动物来到哈根贝克位于新马市场的公司——那里一度有 20 头大象——很明显，公司不得不搬到更大的地方。

经普鲁士斯特灵根村的一位熟人介绍，哈根贝克得知当地的地产正在出售。实际上，村庄周围的土地面积大到可以满足哈根贝克不寻常的需求。更重要的是，有大片土地供他购买。几天后，哈根贝克就用 35000 马克买到了 20 万平方英尺的土地。过了几天，他又买到了邻近的两片土地。5 个月内，他建立起了 12 个大型围场。[34] 最终，在一个小财团的资助下，哈根贝克又成功收购了斯特灵根和汉堡艾姆斯比特尔边界的所有地产，最终，他建了一条直通汉堡的铁路支线。1902

年 10 月，当所有采购完成，哈根贝克控制了大约 14 公顷土地后，新动物园开始动工了。建造完假山和人工池塘，挖走了大约 40000 立方米的泥土后，哈根贝克和他的建筑师乌尔斯·埃根斯维勒、园林建筑师辛奇把一块只有 6 棵树的场地改造成了他所谓的《一千零一夜》中的场景。[35]

哈根贝克表示，建立新动物园的目标很简单："首先是想展示动物最自由的状态，以及动物能被驯化到什么程度。我想向动物爱好者展示一个大型、真实且持久的案例——绝对没必要通过建造奢华昂贵的建筑、配备供暖系统来让动物保持健康和活力，相反，让动物居住在室外、适应气候，能更好地保护它们的生命。"[36]1907 年 5 月 1 日，哈根贝克位于斯特灵根的新动物园向公众开放，这位企业家的新园地向公众呈现了一幅全新的画面，让人们看到野生动物是怎样被饲养的，更重要的是怎样被展览的。哈根贝克将这个地方称为"动物乐园"，他（同时也替观众）将动物园跟《圣经》里的天堂关联起来，描绘了一处"动物们和谐相处，完全没有生存斗争"之地。[37]

哈根贝克采用从 19 世纪 70 年代首次训练动物时就开始收集的数据，研究大量动物的弹跳能力。他的研究简单且实用。在一次测试中，他把一只假鸽子绑在杆子顶端，测量大型猫科动物要跳多高才能抓住鸽子。有了这项统计数据，哈根贝克为动物设计出了没有栏杆和栅栏的围场。而在当时，人们认为栏杆和栅栏是动物园里的“必要”设备。我们可以从一张名为食草动物围场（图 37）的照片里看到，哈根贝克并没有设置栏杆，而是建造了干式和填水的壕沟系统，壕沟要么用植被掩盖，要么成为“天然池塘”，它们将动物与动物、动物与公众隔离开来。但更创新的手段在于，哈根贝克精心布局了动物园，观众们可以一次性观看数个独立的围场。观众站在一处观景点，可以俯瞰一小块水域，看到鸭子、火烈鸟和小鹿在河堤嬉戏；在它们的后面，大羚羊、鸵鸟和斑马漫无目的地转悠着；更远的地方，似乎还能看见在水洞旁或在岩洞阴凉处休息的狮子。画面全景由一座崎岖的悬崖主导，这是野山羊和秃鹫的栖息地。哈根贝克写道：“在斯特灵根动物园，人们可以看到一生中从未见过的画面，比如非洲鸵鸟在冬季的户外洗雪浴，或者在更寒冷的天气里欢乐地嬉戏。”在他的设计下，“野山羊、岩羚羊和羚羊不需要被关进低矮的笼子里，而是可以奋力登上悬崖般的山脊。‘动物之王’保持着骄傲的威严，在宽广的洞穴里自由走动”。[38]

的确，哈根贝克的动物园不是 19 世纪和 20 世纪初的人们通常意义上理解的动物园。19 世纪的动物园大多是在公共利益和私人利益结合的情况下建立的，为了在有吸引力的环境中展示野生动物，从而促进科学研究、普及大众的动物知

图 37　哈根贝克动物园，食草动物围场，20 世纪 20 年代中期。

识。斯特灵根的动物园成为哈根贝克动物生意中必不可少的部分。正如他所言："我的动物生意规模越来越大……它就像一棵大树，长满了枝枝蔓蔓。从最开始的树桩上长出了人物展览、动物训练、驯化和喂养实验，更多的项目正在努力开花。"[39] 哈根贝克表示，他于 1907 年在斯特灵根创立的动物园是公司 60 年成长的终点。对于需要空间去扩展动物生意、展示人物展览和动物表演的公司而言，动物园似乎是一个简单而符合逻辑的延伸成果，但仔细审视动物园的起源和遗产就能发现，它的创立是现代人对被囚动物生活方式进行重新思考定位的关键时刻。

就像卡尔·哈根贝克的诸多创新一样，与其说他创建动物园是想要改变人们的思考方式，不如说他是想改变公司。动物园开园前的 10 多年里，哈根贝克就已经向热情的观众展示了这种新式动物展览——这种展览既赚钱又能影响大众。1898 年，一张宣传新式展览的海报"卡尔·哈根贝克的动物乐园——未来动物园"就表明了他的展览有多么新潮。海报引用了柏林动物园园长的话：

> 当观众进入我们动物园中的"哈根贝克动物园"时，可以想象这样的场景——被魔杖带到了《圣经》中的天堂，这场景中唯一缺的就是亚当和夏娃！在散落着岩石的

> 风景如画的地方，各种各样的动物在散步，不像人们认为的那样在铁丝网后面，而是处于完全自由状态！我们可以看到美洲驼、羊驼和原驼，公牛和母牛，山羊和母羊，鹿、羚羊、野驴和斑马，骆驼、大象和袋鼠，鹤和鹳，孔雀、天鹅、鹅、鸭子和海鸥，等等。动物们在奔跑嬉戏。但不仅是这些不太危险的动物，我们还能看到各种凶猛动物——狮子和老虎、豹子和美洲狮，还有各种各样的熊和土狼，它们都处于自由状态。很多观众看到它们后，会下意识地后退而不是往前走。[40]

尽管存在明显的危险，但是海报告诉观众不要害怕："这种天堂般的和平……是通过非常现代且实用的手段塑造的，这种由卡尔·哈根贝克先生本人发明的方法绝对安全，已经在德国申请了专利。"[41]海报继续说道，通过哈根贝克的计划，"野兽们会'偶然'发现自己位于全景图的背景当中，甚至懒得去思考改变自己平日的菜单，去吃一顿多汁的'烤肉'。尽管离它们几步远的地方就有大量活生生的肉，但是它们只有一种尴尬的选择"。[42]

"哈根贝克的动物乐园"是为哈根贝克在柏林动物园的展览而画的，它向当时的观众展示了"不可能出现的场景"（图 38）。[43]画的底部，一家人站在栅栏外，参观着里面的动

图 38 “哈根贝克的动物乐园”，1898 年。

物。在前景部分，鹈鹕、火烈鸟、秃鹳、天鹅、鹤、鹅、朱鹭和白鹳一起在一个小池塘里嬉戏。在它们后面，各种羚羊、一头单峰骆驼和一头巴克特里亚骆驼、几只袋鼠、一头美洲驼、羊驼、鸵鸟、各类鹿、一头貘、一头水牛、一头吃饱的大象和一匹骨瘦如柴的斑马拥挤地站在一块儿，边上有大树。在远处更加崎岖的地方，各类食肉动物要么躺在地上，要么正溜达着——大多数都在专心地看着游客。在远处的岩石上，观众可以看到有四五头老虎、5头狮子和一头土狼，3头表演的小熊在乞求饲养员喂食，3头北极熊正趴在木头上玩耍。在这些食肉动物后面，一座座小山绵延起伏，其间生活着两只野山羊和一头像牦牛的生物。

设置在柏林动物园里的哈根贝克动物乐园，展示出了他后期的永久性动物园的主题。实际上，这幅流动式展览的海报基本可以当作后来动物园的广告。1896年，哈根贝克的第一场动物全景展览以北极风光的形式展出。该展览首先在汉堡海利根盖斯菲尔德区展出，同年在柏林商业博览会上展出，后来还去了德累斯顿和巴黎。它抓住了当时特殊的历史时刻，取得了难以想象的成功。那一年，欧洲人的目光都聚焦于挪威人弗里乔夫·南森（Fridtjof Nansen）驾驶他的富勒姆号船开展的探险旅程上。哈根贝克设计了一场流动式动物展览，展示了北极世界，其间有海豹、海狮、北极熊，甚至还有南

图 39　哈根贝克的动物园，主全景图，20 世纪 20 年代中期。

极洲的动物，如企鹅。观众们看见这些动物在池塘里游泳，在一个艺术性的冰雪景观中走来走去。在场景的右后方，哈根贝克还展示了被冰冻住的富勒姆号船的仿制品。[44]

当然，富勒姆号的展览也有其前身。它既跟哈根贝克公司内部更长期的展览传统相关，也跟当时大众对“历史全景”的热情相关。为了理解动物全景展览到底有多新鲜，我们必须要简要了解其影响。提到公司更长的历史，就有必要重新思考哈根贝克公司最经常被提及的故事—— 1848 年展出的 6 只海豹。约翰 · 哈根贝克的传记作者威廉 · 蒙内克详细地介绍了这次展览：“有了这 6 只海豹，约翰 · 哈根贝克的父亲打下了财富基础。他知道，或者至少可以感受到，他可以利用人们的好奇心赚点小钱。他在柏林的某个地方摆了一个摊位，入口处竖了一张告示牌，上面写着‘6 条活美人鱼’，旁边还画着像蛇一样的美人鱼漂浮在蓝绿色的海浪上。”[45] 观众们蜂拥而入，老卡尔 · 哈根贝克拖着一个大箱子，把闪闪发光的银币带回了汉堡—— 1848 年的整整一箱子银币！[46] 从最初的海豹展览，到老卡尔 · 哈根贝克在每年汉堡游乐节上的展览，再到绝妙的异域人物展览、马戏团和动物的冒险表演项目，卡尔 · 哈根贝克和他的父亲已经敏锐地捕捉到了公众想看什么内容——什么才能娱乐大众——公司在不断努力地满足着这些愿望。

实际上，老哈根贝克1858年在汉堡游乐节上还原克鲁兹堡马戏团的狮子攻击马车（主角是一匹假马、一头假狮子和红色的蜡）的场面，跟他儿子1896年还原北极探险史上了不起的时刻的场面几乎有异曲同工之妙。但是，除了延续家族传统，哈根贝克1896年的“北极全景展览”还利用了当时在德国城市里流行的历史全景图展览。以现代眼光来看，全景展览没有动作和声音，作为大众娱乐方式，似乎不那么令人印象深刻。但是，正如斯蒂芬·奥特曼（Stephan Oettermann）在他的研究中表明的那样，全景展览完全俘获了19世纪公众的想象力。在最基础层面，全景展览是半永久性装置——最常见的是圆形建筑——结合巨幅画作、雕塑和精细布置的光线，描绘出戏剧性历史场面（如战争场面或著名城市的景观）。通常，观众可以站在平台俯瞰球形场景，会产生一种可以看到全景事物的幻觉。展览呈现各种各样的场景，诸如德国军队攻击喀麦隆原住民，或者北德意志-劳埃德的轮船抵达纽约港。前者于1885年底至1887年底在柏林上演，后者则于1893年至1895年展出。[47] 最著名的也许是安东·冯·维尔纳（Anton von Werner）的“色当会战环形全景展览”。展览于1883年9月1日在柏林开启，距离展览描绘的真实场景已经过去了13年。出席展览开幕式的有陆军元帅赫尔穆特·卡尔·贝恩哈特将军、冯·毛奇伯爵和德意志皇帝威廉一世。皇帝站在一个升起的平台上，足足参观了一个半小时。平台可以按照他的要求旋转，无须挪动一步，他就能欣赏整个景象。据维尔纳的回忆录记载："皇帝特别高兴看到画面准确还原了当时的场景。官方记载的交战时刻中并未如此详细描绘场景，在毛奇伯爵的陪伴下，他找到了自己当年骑马巡视战场的路线，并对陆军元帅说道：'我从这里看到了我们当年走了多远的路。'"[48]

据一份宣传册介绍，这场环形全景展览展示了1870年9月1日下午色当会战的场景，当时，法国第七军被德军左翼包围，退回弗卢万-伊利高原，他们试图突破普鲁士军队的防线，获得撤退路线。[49]道夫·施特恩贝格尔（Dolf Sternberger）在记录这场全景展览时表示，就像宣传册上写的那样："一踏上参观台，就有完全陷入幻想的冲动，可以从远处观看令人愉悦的马斯河谷，下方是弗卢万村，自中午12点30分以来，村子已经完全被德军占领。教堂前，82步兵团第2连队从深处出现。第5步枪营指挥官博迪克上尉的第4连队驻扎在村庄里。"[50]施特恩贝格尔抓住了展览非凡的幻觉效果："真实、可测量的空间距离跟绘画、人眼和布景之间产生了多么奇妙的融合！观察者似乎就站在将军的前哨上，用望远镜搜索整个战场。"[51]全景展览最基本的理念，是通过时间和空间将观众带到不同的世界——从前只能通过报纸和书本中的语言，用平面插图展现的世界。全景展览通过独特的方式融合真实与非真实场景，使观众能在接近真实的幻觉中看见并体验最极致的冒险。

尽管哈根贝克的全景展览与历史传统有关，但还是有很大区别。[52]哈根贝克给全景展览带来了创新，立刻成为一种典范（从几乎真实变成了真实），他革新这种媒介的主要做法在于引进了活生生的动物。描绘历史事件的全景展览最鲜明的特征是能冻结时间。“色当会战”抓住了1870年9月1日下午1点30分至2点的特定时刻，观众们可以详细探究这个时刻。全景展览让时间永远停止，观众能跳出时间的局限，从各个角度仔细审视——就像皇帝看到色当会战后的反应一样，从普通戏剧不可能展现的角度去观看。相比之下，虽然哈根贝克的富勒姆号全景展览也试图捕捉弗里乔夫·南森探险的特定历史时刻，但是活生生的动物和人们逗乐动物的场景，为这个展览提供了传统历史全景展览所不具备的时间连续性。当然，结果是，富勒姆号的故事成了次要因素，观众的焦点很快就转向了动物本身。最后，使这个场景尤其迷人的是动物，以及“没有障碍分隔开凶猛的动物和观众”。[53]因此，当哈根贝克创建动物乐园时，他抹去了所有历史痕迹，我们就不必对此感到惊讶了。在构建未来版本的北极场景时——例如，在1904年圣路易斯世界博览会上的全景展览——哈根贝克充分意识到，动物本身和它们的野性远比平静的戏剧令人着迷。

因此，当哈根贝克1902年开始建造著名的动物园时，尤其是在1907年竣工时，他已经积累了大量创建全景展览的经验。通过过去10年里的流动式展览，哈根贝克深刻了解观众的心思，他的动物园迎合了大众的需求。动物园于1907年5月1日开园，观众的热情似乎无穷无尽。

但是，并非人人都对哈根贝克的新动物园反应积极。整个欧洲的动物园园长们很快就开始质疑哈根贝克声称的动物饲养中的"创新"。诚然，虽然欧洲和美国的无数动物园都在致力于让各类热带哺乳动物和鸟类适应环境，以便在户外展览，但是在大多数情况下，他们的这种尝试都集中在那些最有可能通过驯化而获利的动物身上（例如野鸡、鸵鸟和新品种的牛）。很快，园长们和建筑师们开始禁不住观众的恳求——在更大的笼子里展览动物，并且尽可能让它们走出笼子。有人认为，哈根贝克的动物园是全新事物，法兰克福动物园园长库尔特·普里梅尔（Kurt Priemel）博士对此作出回应。他自豪而又略带沮丧地说道：

> 在可行的情况下，动物园使用狭窄笼子这一做法早已被打破。尤其是在过去的几十年里，建造的围栏已经考虑

到动物的需求，让动物接触一部分大自然。举几个德国动物园里的例子，比如科隆和汉堡的精彩海狮展览，柏林动物园里的设有植物、悬崖和瀑布的宽阔笼子，以及法兰克福动物园为鳄鱼打造的热带风光景观。在这些情况下，科学的方法很重要。在大多数动物园里，这些方法正在得到广泛实施。人们在公园里都能感受到明显的科学氛围，而不损害人们的普遍兴趣。[54]

柏林动物园园长路德维希·黑克、科隆动物园园长文德利希博士、汉堡动物园园长薛夫博士、杜塞尔多夫动物园园长博兰博士等都曾在日报上撰文严厉批评人们对哈根贝克动物园的热情。普里梅尔承认哈根贝克动物园对大众的吸引力："这些动物园被称为'世界第七大奇迹'和'未来的动物园'，人们在斯特灵根看到的一切似乎完全是全新而独特的，那里照顾动物并让它们适应环境的方法涉及全新的原则，完全是为了革新动物饲养方式，从未预料到的视角将会呈现在观众眼前。"[55]但是，正是这种普及大众而非普及科学的做法遭到了普里梅尔的批判：

首先，我们要清楚的是，那些无法抑制表达欲的作者们，往往与动物园话题相去甚远，这在很多方面都暴露了作者的无知。他们用大众视角来看待问题，而斯特灵根的设施正是为了满足大众的视觉欲望设计的。在斯特灵根真正提供的所有美好的、值得一提的成就中，"伟大的公众"只看见了显而易见的东西，他们会忽视独一无二的海象展览，他们根本不注意哈根贝克著名的鹿角展览，而是痴迷于所谓的"食草动物围场"，并被背景中的狮子洞吸引。人们在广阔的土地（动物数量太多，草被吃了个精光）上会看到令人眼花缭乱的几乎来自世界各个角落的动物：瘤牛、野牛、骆驼、美洲驼、斑马、设得兰矮种马、鹿、绵羊和山羊——一片"动物乐园"。不加鉴别的观众在充满激情的时候，根本无法思考这些设施的缺点。而在专家看来，这些缺点肯定会成为动物园里最不幸的一笔。[56]

尽管在其他动物园里也有少数新式展览，但是大多数情况下，传统动物园都无法满足公众对新式展览的渴望。哈根贝克设想在整个动物园里，动物都能不受栏杆的限制而自由活动，这明显彻底背离了传统。虽然从科学角度看，这些混乱的动物很不尽如人意，而"伟大的公众"也并不关心动物园所谓的更高的目标，事实上，这些付费的观众还是被公园的全景展览所震惊，被展现凶猛动物的这一全新方式彻底折服。斯特灵根的全景展览的确给观众提供了“一片乐园”，而且是人们孜孜以求的。

普里梅尔很少称赞斯特灵根，但是他的确称赞了北极全景展览。他这样写道：“在峡湾一样的深谷中，巨大的冰块层层叠叠，动物们属于这片区域，并且很适应周边的环境。各类海豹和潜水鸟在水中游泳，一些小北极熊把背景衬托得栩栩如生。北极熊与动物们被隐形的壕沟隔离开来，在一座高原上，观众可以看到一群来自白海的驯鹿。”[57] 实际上，在科学界和动物园业内人士看来，北极全景展览毫无疑问要比食草动物围场更加成功。内行们抱怨，后一类的围场中几乎展出了来自世界各地的任何食草动物，这种展览方式甚至会让最博学的观众感到困惑。此外，园长们眼中的“最佳样本”——有地盘意识的雄性动物——不能被关进围场里，因为它们会对其他动物造成威胁。相比之下，在科学家看来，北极全景展览反而能更好地体现出来自特定环境的动物是如何放在一起展示的，以阐释动物与环境之间的关系。

当然，通常情况下，特定展览中的科学利益会让人们对哈根贝克的目标进行解读，但是可能跟哈根贝克自身创办展览的意图毫不相关。在动物园创建大约 20 年后，公司的科学助理路德维希·祖科夫斯基表示，卡尔·哈根贝克的首要目标，在于展示动物在自然环境中是如何生活的。在祖科夫斯基看来，北极全景展览就是一个完美例子。他写道："在前景里，我们看到一个池塘里有各种动物——海狮、港海豹、海狗、髯毛海豹和海象。它们优雅的游泳动作引起了人们的好奇，它们在陆地上的笨拙动作显得很滑稽。在右边，一条观众看不见的壕沟隔开了海豹池，那里有 8 至 10 头北极熊，它们在一个被冰块包围的洞穴里。左边的一座高原被驯鹿占领，里面既有长着漂亮鹿角的成年鹿，也有更大更年长的鹿，还有娇小漂亮、傻乎乎地四处张望的小鹿。"[58] 祖科夫斯基似乎不在乎哈根贝克本人从未指出过展览建立在"生物学基础"之上，也对全景展览的起源并不感兴趣。实际上，全景展览跟动物在野外的真实生活几乎毫无关系。

当我们看哈根贝克、索科洛夫斯基、祖科夫斯基等人的作品时，重要的是要意识到，尽管这些年里动物展览的变化微乎其微，但是展览身上的价值——重要性、象征意义和定位——却相当灵活。例如，在某个时刻，一场展览被诠释为呈现了《圣经》中亚当和夏娃被逐出伊甸园之前的世界；在另一个时刻，这场展览被描述成狮子跟羊相安无事地躺在一起的天堂；在第三个时刻，又被描述为旨在通过戏剧性再现特定群落环境来复制动物的自然栖息地；在最后一个时刻，它被解读为是以动物本身的利益为首要考量而设计的。因此，尽管在富勒姆号展览后，哈根贝克的全景展览不再依靠描述特定历史时刻而吸引观众，但是他的全景展览仍然充满了叙事内容。

如果说哈根贝克全景展览的最初隐喻在于呈现伊甸园或者上帝的国度，但是在动物园竣工后，隐喻发生了改变。从动物和平相处的乐园来看，哈根贝克的动物园成为一个暴力世界的避难所，甚至是残酷的“适者生存”进化论现实的避难所。[59] 很快，哈根贝克的动物园就从“天堂”转变为“方舟”，在野外被四处围攻的动物们可以在一个和蔼可亲的老人那里找到避难所，而老人也成为动物最好的朋友，也许是世界上的最后一丝希望。[60] 祖科夫斯基在 1929 年指出：“哈根贝克给了他喜爱的动物们一个远离饥饿和痛苦的家，他宣称广阔、美丽、宽敞大地上的所有野外动物都有一处安全场所，可以远离疯狂的冷酷无情的人的屠杀和贪婪。”[61] 索科洛夫斯基在谈到囚禁问题时，试图用类似方式解释哈根贝克的动机：“卡尔·哈根贝克的动机来自他照顾和饲养动物的诸多经历——当然还有他热爱动物的性格——他要给他的动物们提供尽可能适合天性的住所，让它们可以尽情地玩耍，从而在某种程度上克服被囚禁的痛苦。”[62]

方舟的隐喻使动物园在面对批评时赢得了存续的响亮而正当的理由。自此以后，几乎所有动物园都采用了这一说法。实际上，无论是哈根贝克在世时还是在 1913 年死后，哈根贝克的助手都表示，地球上生命的未来都要依靠动物爱好者卡尔·哈根贝克的不懈努力。在提起20世纪20年代值得称赞的致力于保护野生动物的诸多动物保护协会的努力时，祖科夫斯基表示，防止动物灭绝的唯一办法，是教会人们热爱动物——这一指示是由哈根贝克本人的一生及其创建的用以保护动物的“方舟”提供的。他写道：“接下来要讲到动物的伟大朋友哈根贝克了，他号召每个人——快来我美丽的动物园，来我壮观的动物乐园，看看上帝的伟大创造，试着了解它们、热爱它们，享受跟它们在一起，出去后，在全世界保护它们免遭追捕和灭绝！——人们蜂拥而至，不仅是出于好奇或内心的渴望，还有对大自然的憧憬。他们认为自己已经跟大自然失去了联系。当动物的勇气、信念和耐心胜过我们时，当它们对后代的爱成为我们的标杆时，当它们用感谢和信任回报善行时，它们就不应该成为我们的敌人，而是必须成为我们的朋友！”[63]我们被告知，参观斯特灵根动物园不仅促进了人们对动物王国的保护，还有助于人们在快速变化、“非人性化”的现代世界里保留重要的人性。

祖科夫斯基描绘的哈根贝克的形象——持全面修正主义的动物贸易商——在20世纪20年代时已经牢牢确立。当时，公司正试图重新确立自己杰出动物贸易商和展览者的地位。实际上，这一形象的塑造要追溯到动物园刚开始建立的几年里。当时，哈根贝克开始用友好的“诺亚”形象示人，表明他最牵挂全世界动物的福祉。哈根贝克1908年的自传对构建他本人性格的各种神话的形成发挥了重要作用，而斯特灵根的动物园则为这位逐渐变老的动物贸易商展示自己对动物的热爱提供了理想舞台。实际上，这座动物园成为“哈根贝克王国”的中心——公司的展示品和公众形象模板。而在其基础之下，隐藏着暴利的动物贸易生意。尽管库尔特·普里梅尔等批评者反复尝试告诉公众，动物园实际上就是待售动物陈列室，但是哈根贝克及其同事则致力于将动物园塑造为一个存在于充满敌意的世界中的动物庇护所。[64]前面提到的哈根贝克跟他的海象在一起的照片（图21），以及他在狮子洞里的照片（图40），还有他的坟墓旁趴着的母狮“泰瑞丝”，都体现了这一主题。

但是，如果说哈根贝克家族想让游客熟知的叙事跟好奇、探索和异国情调有关，以及与后来的热爱和保护动物等话题有关，那么公司的另一面叙事，则完全缺乏这些积极的主题，充斥着普里梅尔所谓的商业话题。实际上，公司背后的“真实故事”也许可以从世界各地的动物园和其他机构的档案里保存的价目表中得到最好体现。这些价目表有的是卡尔·哈根贝克手写的，有的是他的助手打印出来的，它们被印在小册子上或单页纸上，用于给各种动物定价——哈根贝克买到

图 40　卡尔·哈根贝克在狮子洞里，约 1908 年。

的价格，还有他的客户们拿到的价格。[65] 但是，动物的价值到底是多少呢？例如，1900 年每头狮子的价格是多少？大象和老虎谁的价值更高？这些问题的答案并不简单，它们像其他事实一样，可以充分展示卡尔·哈根贝克的乐园背后的基础问题。

要讨论 19 世纪末动物市场中某个动物的价值，我们必须意识到，它们的商业价值是十分不稳定的。例如，虽然动物可能会以某个价格卖给公司，但是在动物园中，它的价格可能要高得多。各种因素都会对动物的价格产生影响。动物的年龄、是否符合物种标准、性别、脾性、是否存在身体残疾（如烂耳朵、伤疤或瘸腿）、原产地、是否具有繁衍能力，还有动物当前是否受市场追捧——可能每月都会发生改变——都会影响定价。此外，随着物种数量的激增，有关狮子或老虎价值的问题变成了“哪种狮子或老虎？”因此，1901 年 11 月哈根贝克的食肉动物价目表是这样的：

- 一头巴巴里雄狮，鬃毛全黑，约 5 岁，1500 美元
- 一头努比亚雄狮，黑鬃毛，4 岁，1000 美元
- 两头努比亚雄狮，均为 4 岁，每头 600 美元
- 一头努比亚雄狮，2 岁半，750 美元
- 两头努比亚母狮，2 岁半，性格温顺，两头共

900 美元

• 一头西非狮，进口，4 岁，600 美元

• 一头西非狮，进口，3 岁 ，600 美元

• 两头努比亚狮，性格温顺，16 个月，适合表演，每头 750 美元

• 三头塞内加尔母狮，进口，性格很温顺，1 岁，每头 500 美元

• 一头孟加拉母老虎，进口，7 岁，适合繁殖，750 美元

• 一头母老虎，来自中国东北，6—7 岁，右上方尖牙有缺陷，700 美元

• 两头老虎，来自柬埔寨，3—4 岁，两头共 1500 美元

• 两头苏门答腊虎，进口，8 个月，跟猫一样温顺，两头共 1000 美元

• 两头非常温顺的孟加拉虎，进口，约 1 岁，两头共 1250 美元[66]

我们只需看这张价目表，就能明显看出，一头狮子的价格区间为750美元（16个月大的努比亚狮子）到1500美元（5岁大、鬃毛长齐的巴巴里狮子）。动物的脾性、用途和缺陷都会在价目表上呈现，其他信息还可以通过电报等通信方式发送给客户。当然，在很多情况下，人们会根据动物几年之后

的预期价值来购买动物。哈根贝克在 1910 年写给布朗克斯动物园园长威廉·霍纳迪的一封信中写道：“我刚刚从一个西伯利亚旅行者的来信中得知，他搞到了很多西伯利亚动物，包括一些大型西伯利亚虎。这是地球上最大的老虎，冬天会长出长毛。但它们是动物，无论是冬天还是夏天，都必须待在外面呼吸新鲜空气，冬天不能被关在有暖气的房子里。我预计这些动物会在 5 月份到达，16 到 18 个月大，肯定已经换牙了。这些动物很难搞到，我只能推荐你买一对，而且我会优中选优，定价为 2000 美元，你负责支付关税。”[67] 对于哈根贝克和霍纳迪而言，它们并不是普通的老虎，而是因体形和皮毛而著称的老虎，因此可以卖个好价钱。霍纳迪看过老虎的皮毛后，认为老虎肯定会成为动物园里引人注目的对象，于是便买了一对。但在小老虎到来之后，他却感到很失望。他虽然提到老虎到达的时候“很干净、喂养得很好，身体健康”，但之后话锋一转：“我们对老虎感到失望并不是因为夸大其词了……而是因为我们期望西伯利亚小老虎能展示出当地虎皮的某些著名特征。”[68]

尽管我们清楚很多因素都会影响动物定价，但是影响定价的一些普遍特征却显而易见。对贸易商和动物园而言，在食肉动物中，拥有典型鬃毛和好脾性的适合训练的雄壮成年雄狮，以及适合繁衍的母狮是最有价值的。紧随狮子之后的是老虎、美洲豹和豹子。在美洲豹和豹子当中，黑色的价值更高。还需要了解的是，狮子和老虎的杂交产物具有某种程度上的猎奇价值。尽管它们不能生育，但是它们的售价很容易就能超过 1000 美元。[69] 对于长有条纹和斑点的土狼、野狗和狼，贸易商可以要价一二百美元。北极熊的价格可以达到三四百美元，而其他熊的售价通常只有一二百美元。[70] 在食草动物当中，大象、犀牛、河马和长颈鹿是高价商品。[71] 世纪之交时，小河马的价格达到三四千美元，发育完全的印度大象（身高 7 英尺以上）售价约为 2000 美元，小非洲象的售价是印度大象的两倍，而长颈鹿的售价高达 4000 美元。[72] 其他食草动物的价格往往跟体形和稀缺性有关。1900 年，从布朗克斯动物园运往哈根贝克公司的美国野牛是高端商品，售价很容易就能达到 1500 美元，母牛的价格还要高得多。类似地，其他稀有物种，如麋鹿和蒙古野马，售价可以超过 1500 美元。非洲大羚羊当时很难获得，售价可以达到 1000 美元。西伯利亚骆驼售价 350 美元，斑马（取决于品种和年龄）的售价为 500 到 800 美元，美洲驼、羊驼和原驼的售价约为 200 美元，各种小型羚羊和袋鼠的售价在 100 到 200 美元之间。在鹿当中，黇鹿的售价为四五十美元，产自中亚、有结实鹿角的成年雄鹿售价高达 500 到 800 美元。[73]

在猴子和类人猿当中，各类狒狒的价格通常为 20 到 70

美元，体形较大的售价可超过 100 美元。猕猴和其他小猴子的售价为 10 到 50 美元，小黑猩猩的售价为 200 美元以上，大猩猩和猩猩的价格为 500 美元以上。[74] 在鸟类和爬行动物当中，除了一些特别突出的物种和个体，价格往往都在 50 美元以下。鸟类当中，鸵鸟的价值特别高，尤其是有良好繁殖性能的鸵鸟。当时，鸵鸟农场数量激增，每只成年鸵鸟的售价可达到 250 美元，鸸鹋、鹤鸵、美洲鸵和稀有的鹤、鹳的售价都能达到 100 美元左右。[75] 鹦鹉和金刚鹦鹉可以卖到 70 美元，而鸭子和天鹅的售价仅有 5 到 20 美元。爬行动物当中，蟒蛇可卖到 100 美元以上，长度超过 20 英尺的大蟒蛇能卖到 400 美元。[76]

当然，动物定价的高低，很大程度上取决于贸易商提升动物价值的能力。通过适当的营销，哈根贝克的动物售价远远高出了预期。哈根贝克曾经卖掉了一组表演动物，他为它们编排了标准的表演动作，一并卖掉了运输的笼子和马车。[77] 哈根贝克用新颖的包装形式提升了动物的价值，而其他贸易商采取的最典型方法，就是宣称动物具备某种稀缺性。对贸易商而言，白化熊无论多么不适合用于科研用途，其价值总比“完美”的熊更高。[78] 除了特别不寻常的样本，哈根贝克最为出名的举动，便是进口以前从未进入欧洲的动物。据历史学家赫尔曼·赖兴巴赫（Herman Reichenbach）所说，哈根贝克最先进口的动物包括非洲黑犀牛（1868 年）、苏门答腊犀牛（1872 年）、索马里野驴（1882 年）、长颈羚（1883 年）、倭河马（1884 年）、非洲海牛（1887 年）、波斯豹（1897 年）、蒙古野马（1901 年）、婆罗洲侏儒象（1905 年）、高加索野牛（1907 年）和海象（1910 年）。当然，除了这个令人印象深刻的名单，哈根贝克还进口了很多其他如今不再被承认的动物。

我们要明确，无论贸易商抓捕的动物有多么稀少，他们能交易的动物数量都是有限制的。例如，1912 年，哈根贝克试图将针鼹以每只 300 美元的价格卖给布朗克斯动物园，但是霍纳迪在回信中写道："对动物园来说，它们并不是最有价值的动物，因为按照自然规律，它们的寿命不会很长。"霍纳迪提道："最好是投资能活 5 年的动物，而不是只能活一年的动物。我们在动物身上花的钱越多，就越倾向于买那些寿命更长、能给我们带来回报的动物。"[79] 尽管如此，如果霍纳迪认为能买到真正重要或之前从未见过的动物，那么他还是愿意支付额外费用的。如 1912 年，他购买了汉斯·朔姆布尔克抓住的两头倭河马。当时他花了 12000 美元，两只倭河马成为当时布朗克斯动物园身价最高的动物。[80]

从现存的信件来看，卡尔·哈根贝克和他的助手在日复一日、年复一年的经营过程中，很少有时间对自己从事的活动进行深刻反思。卡尔·哈根贝克、约瑟夫·门格斯、约翰·雅各布森和克里斯托夫·舒尔茨不断地写信，几乎都是在谈生意，探讨如何让动物卖个好价钱。虽然他们有的也写回忆录，但重点仍在于讲述捕猎动物或者组织人物展览，接着把它们卖给欧洲和美国买家的过程。也许是因为商品的性质特殊，公司日常关注的重点必然集中在手头的问题上。

虽然哈根贝克的事业是门生意，但必须意识到，哈根贝克很爱护自己动物园里的动物。有大量证据表明，哈根贝克无微不至地照顾自己的动物，想尽一切办法确保动物的需求得到满足。然而，哈根贝克的动物园主要还是为了娱乐大众和满足哈根贝克公司的需求，一切都以满足公司的商业利益为基础。哈根贝克的动物贸易、人物展览、马戏团和动物园如果没法盈利的话，就不可能如此令人惊艳。贸易的主要目的不是保护动物免受剥削，组织人物展览不是为了保护原住民，建立动物园的主要目的也不是保护世界上的其他异域民族或动物免遭伤害。

虽然公司内部的历史学家宣称，哈根贝克的梦想至少是让动物挣脱栅栏和链条的束缚，或者就像哈根贝克的动物捕手克里斯托夫·舒尔茨所说的那样，“尽量恢复被捕动物失去的家园”，[81] 但是哈根贝克的主要动机似乎具有双重属性。首先，在动物园开工建设前的数十年里，他就已经明白，受公众欢迎的是展示“真实”的异域人物和动物，以及展示动物之间的和平场景，因此一座按照全景展览原则建造的动物园很可能会引起公众轰动。其次，哈根贝克——这个男人和他的公司很快就向世界各地的个人和政府成功地推销了动物园——想要证明，让动物适应欧洲环境是完全有可能的，也就是说，建造成本较低、没有昂贵的建筑结构和供热系统的动物园是有可能的，省下来的预算便可以用来向贸易商们购买动物。[82] 因此，建造动物园背后的冲动归根结底建立在经济考量之上。特别是从长远来看，建造“自然”的围场会更便宜，而正是这类围场引起了公众极大的兴趣，从而为公司提供了最大的财务支持。

哈根贝克建造乐园，主要是出于经济原因，但它同时也展现了 19 世纪的公众梦想中动物园的样子——动物园应该同时具备娱乐和教育功能，但这种教育必然要符合中产阶级的世界观。游客在参观哈根贝克的动物展览和人物展览时，不会面对涉及资本主义、帝国主义或殖民地剥削的尖锐批评。动物园是个理想世界，欧洲人可以在展出的动物和人物中间行走，会感到舒适、安全，会受到启迪。哈根贝克的动物园是对 19 世纪完美动物园幻想的回应，它很快就成为未来动物园愿景的代表。动物园从人物展览中得到灵感，并推广了“为观众重建自然世界”的理念。动物园重建了北极峡湾或非洲平原的场景，试图将人们带到世界上的其他地方，省去了去当地参观的麻烦。当然，动物园传达的信息强调了欧洲人在危险世界中的仁慈，同时保证，在哈根贝克（欧洲）的照顾下，世界上的动物和人将是安全的。必须强调的是，这是几乎所有现代动物展览形式的源头。金特·尼迈耶在 1972 年撰写的公司官方历史资料中，描述了卡尔·哈根贝克的“专利”，称他的全景展览是“所有现代动物园建筑的出生证明”，人们普遍赞同尼迈耶的判断。[83] 在一篇十分传统的描写 20 世纪七八十年代动物园建筑的文章中，罗斯尔·基希斯霍夫（Rosl Kirchshofer）简明扼要地重申了关于哈根贝克贡献的常见争论：“在 1907 年开张的斯特灵根动物园，哈根贝克不仅从地牢一般的笼子里释放了猛兽，而且还提供了动物自由走动的场景，为游客更好地理解动物开辟了道路。”[84] 海涅·赫迪格（Heine Hediger）也许是 20 世纪最重要的动物园理论学家之一，他提到了哈根贝克为现代动物园留下的遗产。在 20 世纪 60 年代末的《动物园里的人与动物》（*Man and Animal in the Zoo*）一书中，他写道：“即使是在用铁条做栅栏的全盛期，本世纪初还是诞生了一种完全不同的展览方法，也就是所谓的公开围场，它建立在哈根贝克的理念基础之上。”[85] 赫迪格提到，尽管哈根贝克的理念刚开始遭到嘲笑，但是他找到了哈根贝克的创新与现代动物围场理念之间的直接联系。[86]

当然，通过强调哈根贝克和殖民力量的仁慈，哈根贝克动物园的推广者被迫为卡尔·哈根贝克和他的各种生意编造了一段英雄主义历史。例如，路德维希·祖科夫斯基完全相信有必要保护全世界的动物免受自私之人的恶意伤害，他引用了人类破坏性的例子：

> 在长达几个世纪的灭绝运动当中，有多少美妙的动物已经遭到毁灭，有多少动物已经被列入了濒危动物名单，很多动物仍然只被当作贸易品。屠夫肯定会像罗马皇帝一样感到遗憾，感叹世间竟然再没有一颗头颅。如果大自然母亲没有如此富饶，如果她的孩子没有分散在世界各地的话，那么他们可能比当下的人类更早灭绝。有多少海狗、海象和大象已经惨遭屠杀！1886 年，在北海东北地岛的北海岸，有 370 头海象被船员杀害。大自然母亲失去了 370 个孩子，船上多了 370 块兽皮。[87]

在叙述完为了保护市场价格，曾有 70 万到 80 万块海豹皮被烧毁的事实后，祖科夫斯基总结道："这是动物世界的悲剧，也是耻辱时刻的见证。将来有一天，子孙后代会指责先辈，在先辈的坟墓前痛哭——你们挥霍完了我们的财产，毁灭了美丽的世界，只给我们留下一片瓦砾！"[88] 这是对仅将动物“当作交易品”的贪婪野生动物贸易商的全面指责。接着，祖科夫斯基在文章中表示，哈根贝克回应了动物遭到屠杀的现象，他号召大家去他的动物园里，学习爱上动物。

祖科夫斯基的记载真正的不同寻常之处在于，他在哈根贝克的自传里挖掘了370头海象遭到大规模屠杀的故事。哈根贝克提及海象的故事来佐证自己的观点——在哺乳期，雄海象和雌海象会大规模聚集。哈根贝克写道：

> 雄海象跟雌海象分开生活，雌海象和小海象单独生活，只有在9月和10月的繁殖季节，雄海象和雌海象才一起在陆地上生活。1886年，船长汉森在东北地岛的北海岸遇到了一群海象，足足有370头。它们被5条船上的船员全部杀害。据这些人称，雌海象生活在约北纬81度的斯匹次卑尔根岛北海岸，而雄海象则生活在东北地岛和卡尔王地群岛之间的斯图尔峡湾。
>
> 我们的捕手在最后一次航行中成功猎杀的最大的雄海象，体重大概为3000公斤，仅兽皮就重达500公斤。小海象在弗洛拉角被捕获，这些天收获最大的狩猎地是西伯利亚北海岸。[89]

在哈根贝克的叙述中，没有任何地方表明他认为猎杀——祖科夫斯基口中的“屠杀”——海象群是悲剧或耻辱的。哈根贝克之所以讲这个故事，是因为它佐证了海象群的规模，而且很明显，哈根贝克是站在猎手这边的。哈根贝克谈到一头雄海象因为兽皮和脂肪的价值很高而被成功捕杀时，非常高兴，似乎根本不符合祖科夫斯基笔下“善良的诺亚”这一修正主义形象。

在类似的阐释中，索科洛夫斯基讲了一名在非洲生活和打猎多年的猎人的故事。有一天，猎人来到动物园，给哈根贝克讲了自己的狩猎经历。据索科洛夫斯基表示，猎人说完后，“哈根贝克先生非常惊讶地问道：‘你来这里就是为了给我讲你杀了多少动物吗？如果你把它们都杀死了，我该怎样抓捕和售卖动物呢？’”[90] 在索科洛夫斯基看来，哈根贝克的言论表明他厌恶那些仅仅为了狩猎而前往非洲，然后用屠杀的战利品装饰墙壁的人。[91] 但是，更简单的解读可能是，哈根贝克就像担心全球动物灭绝一样，担忧此类狩猎行为会给他做生意增加难度。

总之，哈根贝克动物园的实际性质和他本人在其中注入的理念之间存在着惊人的分裂。1909 年，普里梅尔曾尝试澄清哈根贝克动物园的独特性：“卡尔·哈根贝克的动物园是一个大型展览和贸易企业，甚至具备一些科学价值。动物园首先是科学和教育机构，必须接一些餐饮、音乐会和其他边缘业务，以获取必要的运营经费。但这一事实在法兰克福往往不被承认。”[92]哈根贝克的动物园既不是动物的乐园，也不是保护动物的避难所。大多数情况下，它只是一个世界各地动物的中转站，等待着被运送给买家。动物在斯特灵根期间，几乎成为一种大规模的、完全以娱乐为导向的媒介的一部分，只是为了满足人们对动物生活的幻想。普里梅尔等动物园园长经常抱怨动物园必须满足付费观众的娱乐愿望，而哈根贝克的动物园正是为了满足此类愿望而诞生的。就像是一座原始的迪士尼乐园，马、鸵鸟和斑马拉着车，骆驼、大象和乌龟随时供付费观众娱乐。

当然，动物园的观众们很少会知道，他们看到的动物实际上正在转运途中。但是，我们不应低估哈根贝克的动物园作为“库房”的潜在作用。在为德国动物园协会撰写的一则简短传记里，亚历山大·索科洛夫斯基回忆了他1913年在哈根贝克动物园当科学助理时的情形。当时，他被派去给一艘刚从澳大利亚回来的轮船列清单。与此同时，克里斯托夫·舒尔茨也从德属东非运回了36头长着白须的角马、25只博姆斑马、3头黑犀牛、5只长颈鹿和各种羚羊，还有将近300只猴子、大型猫科动物和其他小动物们。接着，哈根贝克在西伯利亚的助手奥西普·内斯奇沃也带着一大群动物回来了。索科洛夫斯基写道：“珍稀的小型动物的数量有成百上千只，大型动物有好几十种。”[93] 在这次运送中，还有 200 只石鸡、几百只鸭子和 200 只彩颈野鸡。内斯奇沃曾称：“除了常见的哺乳动物和鸟类，还有 8000 多只高质量霍斯菲尔德龟在袋子里装着。”[94]1913 年，内斯奇沃走后，哈根贝克在东非的另一个代理人带回来了 250 只狒狒。一周之后，又运来了 21 头大象和 12 只孟加拉虎。“一战”后，德国经济困难，哈根贝克的动物园关闭了几年时间。20 世纪 20 年代，他的生意再度恢复。当时，他收集并运送了大约 8000 只猕猴到美国的洛克菲勒医学研究所，用于研究黄热病。据索科洛夫斯基回忆，1929 年，动物园有 5 种企鹅，共计 250 只。在斯特灵根的那些年里，索科洛夫斯基大致见过 11 种企鹅，共计约 2000 只。这就是哈根贝克动物园里的数字。

只要存在动物园，就必定存在贸易和贸易商。莱比锡动物园园长卡尔·马克斯·施奈德（Karl Max Schneider）1954 年写道：“身为动物园园长，我们深知，强大的动物贸易是有必要的。我们需要这类中间商。某个动物园根本无法定期直接从外国获取动物。”[95] 从某种程度上而言，正是这些中间商的存在，才使得大多数动物园能在 20 世纪将自身打造成动物的保护者和守护者，而正是其中一个中间商——卡尔·哈根贝克——为 20 世纪的动物园打下了重要而持久的基础。在他的动物园里，正如我们被告知的那样，动物在完全自由的状态下生活，享受着仁慈主人的恩惠。

今天回顾哈根贝克的动物园，我们会惊讶地发现，虽然百年过去了，但动物园的变化居然如此之小。哈根贝克的动物园于20世纪20年代末和20世纪30年代经历了扩建和修缮，但在1943年几乎完全毁于同盟国的轰炸。动物园后来又被重建，延续了卡尔·哈根贝克对动物园的非凡愿景。在如今的动物园里，大多数原始景观并没有明显的更改。诚然，也有很多改变。最根本的是，公司仍然为哈根贝克的后代私人所有，但不再是动物特许经销商。此外，人物展览已经不复存在，尽管偶尔会在文化表演中出现。最重要的是，虽然动物园的物理形态并未改变，但企业的经营理念与哈根贝克本人的兴趣几乎再无相似之处。然而，哈根贝克创造的自由幻想——动物即使在野外灭绝了，它们也能在城市的避难所里得到照护——仍然在继续。

尾　声　如果动物会说话

“我最喜欢的作家是谁？当然是达尔文了。”

——大猩猩克劳瑟小姐 1905 年接受伦敦《星报》“采访”

3 年多以前，哈根贝克的一群动物捕手由舒尔茨领衔在喀麦隆最荒野的地带跋涉时，碰到了一只带着幼崽的巨大的雄性大猩猩。

——抓捕大猩猩约翰，《纽约时报》，1921 年 4 月 3 日

被陌生人和观众围观，看到没有一个人能理解自己，也没有喜欢的人后，不可避免的事情发生了：约翰变得无比孤独，没有了食欲，丧失了勇气，最后生病了……大猩猩约翰在 1921 年 4 月的最后一周死了。一周之后，它亲爱的朋友来了。

——大猩猩约翰的死亡，《导师》，1921 年 4 月

红彼得的故事是本书的核心内容之一。跟大多数动物故事作品一样，卡夫卡的《致某科学院的报告》讲的既是人也是动物，或者说是关于人们如何看待动物。当然，看过作品的大多数学者会指出，这些作品里的动物实际上只是偶然出现罢了。换言之，这些故事实际上讲的还是人。但我认为有必要记住，虽然法国故事《列那狐传说》（*Reynard the Fox*）里描述的中世纪十分有人情味，但贯穿于故事的元素告诉了我们十二三世纪的人们是如何看待狐狸的。我第一次读到红彼得的故事时，显然很清楚，虽然故事主要讲的是人类社会的问题，但是它也讲述了一只被哈根贝克的捕手抓住并被带到文明世界中生活的类人猿所面临的问题。正如我们应当记住卡夫卡的《饥饿艺术家》背后存在很多真实的历史人物一样，至少在某种程度上而言，红彼得的形象实际上是基于一系列真实且著名的"几近为人"的类人猿创造的。[1]

如果回顾19世纪末到20世纪初的生活在欧洲和美国的非人类灵长类动物的真实记载，就能更加清楚地明白这一点。所有这些故事——就像红彼得的故事——都具备隐喻意义。想想黑猩猩"领事"穿着一身晚礼服坐在茶具前，用它那戴着戒指的手指握着刀叉（图41）。想想大猩猩克劳瑟小姐接受伦敦《星报》"采访"，讲述它1905年秋天短暂生活在伦敦动物园时对英国的印象。想想1921年著名的润林兄弟马戏

图 41　开化的类人猿“领事”，约 1900 年。

图 42　类人猿茶会，约 1908 年。

团的大猩猩约翰，它跟红彼得一样，被哈根贝克的一个代理人抓住，在被卖给马戏团之前，它一直被当作人养着。想想大猩猩约翰二世，它于1924年4月在纽约城的码头上受到了由著名的畸形人威廉·亨利·约翰逊领衔的欢迎委员会的迎接。[2]想想20世纪中叶大型动物园里举办的十分普遍的茶会（图42），想想这一时期年幼的类人猿坐在儿童车里、年长的类人猿喝着葡萄酒和杜松子酒的照片（图43和图44）。[3]在所有例子中，这些动物都被训练成近乎为人的状态，既像动物又不是动物，似人而非人。而正是利用这种中间状态（正如红彼得），人们可以批判人类和动物的生活。

当然，红彼得跟普通类人猿和其他动物的区别在于，红彼得会说话，而且还具备一定的口才。红彼得采用适合学术群体的词汇和风格，以独特的视角向成员们讲述了进化问题。

尊贵的科学院的先生们：

承蒙诸位盛情厚爱，邀请我向贵院写一份我所经历过的猿猴生活的报告，我深感荣幸。然而，遗憾的是我恐怕难以满足先生们的要求。我告别猿猴生涯已近5个年头。这一段经历在时间的长河中仿佛只是短暂的一瞬，但是我仍感到，时光真的流逝起来却是极其漫长。诚然，我生活中不乏好人、忠告、喝彩和音乐的伴随，但是总的说来我

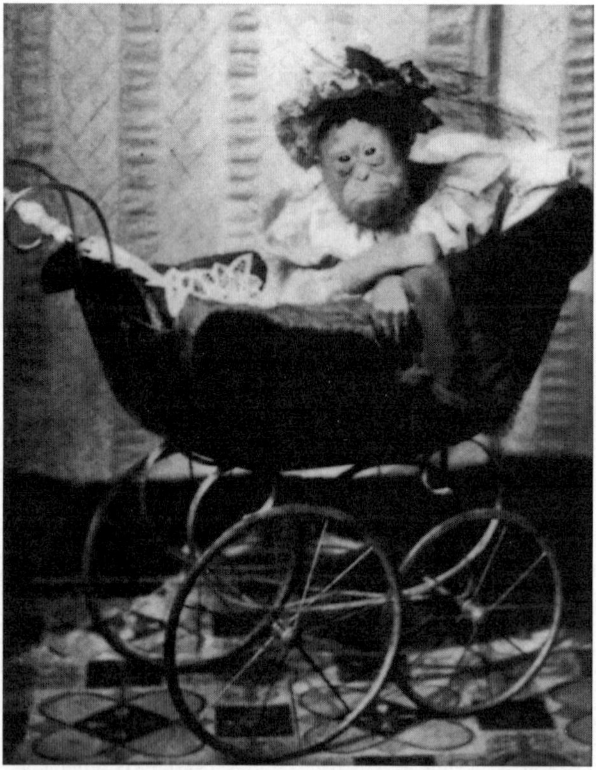

图 43　坐在儿童车里的红毛猩猩，福克尔曼的动物生意，汉堡，约 1908 年。

图 44　哈根贝克动物园里的莫里茨，约 1908 年。

还是孤独的，因为所有的伴随者们为了保持自己的形象都远远地停留在铁栅前。[4]

实际上，正是红彼得最终（至少在某种程度上）克服了对杜松子酒的厌恶后说的第一句话，让他闯进了人类社会。[5] 红彼得最伟大的成就便是学会了人类语言，他了不起的职业生涯必然顺风顺水。但是，如果只认为红彼得是因为会说话才跟别的动物不同，那么并未理解卡夫卡故事的核心。即使不会说话，他的被捕同胞也能激烈地——往往是令人不安地——进行“表达”。实际上，卡夫卡的故事之所以讲得通，正是因为动物园、马戏团和综艺舞台的人类观众们数十年来一直在“听动物说话”。当然，一些动物在修辞上的表现要比其他动物好。来自印度的牛不太可能会“说”很多话，但是我们从蒙内克的故事中得知，大象也许能讲述很多故事。勃鲁盖尔笔下被锁住的猴子跟里尔克笔下的黑豹一样，都能评论囚禁：“他的眼帘有时无声地撩起 / 一幅图像浸入 / 抵达四肢 / 穿透心脏，化为乌有。”[6]

我并不是说里尔克 1907 年在巴黎植物园时“听到”了豹子说的内容，而是里尔克看到豹子在小笼子里打转时，想知道豹子的感受。这正是卡夫卡在想象自己是一只被关在笼子里的类人猿时，可能会问自己的问题。哈根贝克的动物和人物展览，多数似乎都是在回答这些问题。在哈根贝克的展览中，观众满意、动物自由，轻松地回应了公众对囚禁的担忧。本书的宗旨主要就是试图再次提出这些问题。

这些问题贯穿于哈根贝克各种生意的冲突当中，具体来说就是人物展览和动物展览之间的冲突。不足为奇的是，当大多数人听说哈根贝克的事迹时，都会对人物展览感到震惊。他们会不可思议地问："你是说，这家伙真的在动物园里像展出动物一样展出人类？"如果要回答这个问题，我会强调我并不认为哈根贝克把人当作动物展出，他很清楚地把他们当作人来展览。但正如我讨论过的那样，这些展览要取得成功，有两个重要因素。首先，观众必须相信他们眼前所见跟宣传的内容一模一样——展出的人是"真实的"。其次，他们必须相信展出的人从根本上跟他们不同，是低人一等的——他们可以欣赏原住民的自然性或原始美，但原住民在最重要的文化成就面前必定比欧洲人低一等。实际上，人物展览生意的凋敝似乎正是因为展出的人拒绝遵守展览的基本剧本假设。展出的人不是无法理解、捉摸不定的野人，而是学会了德语，学会了要小费，喜欢逛酒馆，会买欧洲服装，会从事性服务和其他兼职商业活动的人。他们会使期望看野人表现应有行为举止的观众感到困惑。哈根贝克的展览力图避免一切戏剧性，只致力于呈现真实生活，但展览实际上特别容易受到展览成员的破坏。展览之所以走到了尽头，归根结底是因为找不到野人，无法组织野人展览。当展览中的原住民拒绝扮演自己的角色时，“野人”本身就不存在了。

卡尔·哈根贝克的回忆录出版才不到100年，如果我们清楚人物展览遇到的问题跟动物展览不同的话，那么哈根贝克和他同时代的人也清楚这一点。同时不足为奇的是，哈根贝克和支持他的观众往往会强调人物展览积极的一面。例如，亚历山大·索科洛夫斯基曾说：“卡尔·哈根贝克作为动物的朋友和动物引进者，不仅对教育大众和推进科学进步作出了巨大贡献，还通过大量人物展览，拓展了我们的知识边界和对文化的理解。他是我们所有人的导师，他的终身工作——推动知识进步——将持续产生影响。他唤醒人们去理解更原始的人，让比较不同的民族成为可能，并消除了很多偏见。”[7] 我们将会认识到，哈根贝克爱所有人，他最想教育公众、促进理解、消除偏见。但是，我在本书中一直强调，由于哈根贝克公司的主业是抓捕、交易和展出动物与人，因此，当他和助手想给公司树立正面形象时，会面临大量困难。事实上，公司在过去的一个世纪里不遗余力地想要说服观众，仁慈的老哈根贝克应该被视为现代诺亚，斯特灵根的动物园应当被视为诺亚方舟，这反映了哈根贝克的事业遭到的固有嘲讽。

这些嘲讽深深植根于公司的历史当中。哈根贝克回忆录的结尾处出现了一只年幼的大猩猩和两个喀麦隆少年的合影（图 45）。哈根贝克表示，1908 年 6 月，喀麦隆的一位德国殖民军中尉将这只大猩猩和两个小男孩一起带到了德国。哈根贝克写道：

> 这位军官希望让这只罕见的动物活久一点。他在德属喀麦隆养了这只大猩猩一年多的时间。在此期间，大猩猩健康状况良好，成了驻地的宠物。为了不让大猩猩孤单，军官找来两个黑人男孩一直陪伴它。大猩猩刚来动物园时，由于长途跋涉，变得十分虚弱，对周围的一切事情都不感兴趣。但它很快就好转了。过了一阵子，它就能坐了，能在草坪上跟两个玩伴溜达，身体和精神都达到最佳状态。它尤其偏爱玫瑰花瓣，常常会吃很多花瓣。当它要去别的地方时，其中一个黑人男孩就会把它背起来，场面十分滑稽。[8]

为了回应当时流行的观点，即被囚禁的大猩猩会因抑郁和孤独死去，这位官员找来两个小男孩陪着他的大猩猩回到欧洲，跟大猩猩同住，直到大猩猩死去或者被卖掉。在这位官员、哈根贝克甚至是男孩们自己看来，这种安排似乎都完全合理。抛开这种合理性不谈，这张照片令人深感不安，这

图 45 “先知在右，先知在左，俗人在中间”，1908 年。

种不安被配文进一步放大：“先知在右，先知在左，俗人在中间。”[9] 这句话源于歌德为纪念 1774 年的一次晚宴写的一首幽默小诗。当时歌德坐在人相学家约翰·拉瓦特和教育改革家约翰·伯恩哈德·巴泽多中间。配文本意是为了给几乎毫无幽默色彩的照片增加某种趣味性。据晚宴的文字记载，拉瓦特和巴泽多滔滔不绝地谈论着各自的观点，年轻的歌德安静地坐在中间，专心享用美食——两位思想家专注于思想，而享乐主义者却专注于眼前的事。[10]

这张照片到底哪里令人不安？我把这张照片给很多人看，他们的回答千差万别。一位艺术史学家说，这张照片让他想起了现代版的耶稣受难地（救世主旁有两个强盗）；一位研究维多利亚时期文学的学者认为，这张照片诠释了耻辱，包括观看者的耻辱；一位美国民族文学专家提到了种族问题；一位艺术家认为，这张照片似乎是在讲述三个人物的相对价值，也就是先知和利益的故事。[11] 我的看法是，这张照片是为了诠释囚禁的话题。我认为，这张照片之所以令人不安，是因为人们可以对安静的画面进行各种诠释。看到这样一张照片，我们就会用故事去解释它。而哈根贝克的展览（无论是动物展览还是人物展览）正是想控制这些故事。没有配文的话，我们就能根据自己的观察去自由解释照片。有了配文——而且文字暗示了年轻、世俗的歌德可以跟年幼、世俗的大猩猩相提并论——观众就会认为这张照片滑稽可笑。说回上文谈到的“表达”话题，两个小男孩和年幼大猩猩的天然表达，都被滑稽的配文，以及哈根贝克讲述的他们“滑稽地造访动物园”的故事所控制和限制。

确实，控制表达——试图让观众换种视角看待和想象被囚动物的命运——或许是哈根贝克动物园最基本的功能。哈根贝克精心创造的新式展览，以及圣迭戈野生动物园和迪士尼动物王国等现代动物园精心维护的自由幻想，控制了动物的表现力。例如，我们如果看到动物缩成一团坐在笼子里（图 46），或者看到它们在吃着爆米花、热狗和棉花糖的观众面前走来走去，就能立即联想到囚禁的问题。但我们的新式动物园里有着精心布置的植物和能追溯到哈根贝克时代的自由幻想，没有人会用棍子戳着犀牛。我们可以看见动物在林子里安静地散步，在水坑里嬉戏，心满意足地趴在小丘上懒洋洋地晒着午后暖阳。这幅田园诗般的画面掩盖了动物被囚禁的本质。如果说人物展览里的人物还能拒绝采用公司的安排，那么在新式动物展览中被植物和人造树围起来的动物，很难发出声音去质问观众。

我在本书开头提到，大约在 19 世纪末，动物园园长和其他支持者就开始为如今的动物园寻找存在的理由。这些理由具有非凡的韧性，在过去的 100 年里反复出现。这些论据背

图 46　哈根贝克动物园里的雅各布，约 1908 年。

后的基本宗旨，是向观众强调现代动物园跟之前的动物园存在根本区别。他们表示，19 世纪下半叶的中产阶级动物园跟从前的王室动物园截然不同。贵族的收藏品无外乎是用来打造专属乐园的，而动物园通常需要公众付费参观，它们的建立通常基于三个基本原因——推动科学进步、促进公众教育、为观众提供缓解城市环境压力的避难所。

正当人们开始详细讨论现代动物园的宗旨时，哈根贝克革命来了。面对美国野牛消失和非洲动物惨遭商业屠杀之类的问题，动物园倡导者们开始认为，动物园不仅应该成为疲倦大众的避难所，还应该为受到威胁的动物提供庇护。那么，现代动物园一直在追根溯源的哈根贝克革命到底是指什么？人们通常听到的答案是，卡尔·哈根贝克发明了一种展示动物的新方法，采用壕沟和其他技术，而不需要精心建造的建筑和带围栏的笼子。我认为，这个回答无关紧要。19 世纪末的每座大型动物园的园长都很清楚，笼子的围栏会对观众造成困扰，因此很多动物园一直都在试验不同类型的展示方法。尽管人们已经达成了共识，但是我认为哈根贝克革命的关键并不在于他创建的壕沟，而在于他在自己的动物园里形成了一套有关自由和幸福的新叙事，并将其灌输进展览里。在哈根贝克之前，动物园能让公众相信把动物关在动物园里也不是那么糟糕。而从哈根贝克开始，动物园终于开始重新讲述动物的囚禁生活，并或多或少取得了成功。哈根贝克之后，收藏动物不再仅仅是出于科学或教育目的，甚至是娱乐目的，动物被关进动物园里，更多是因为动物园是漂亮、健康、安全的地方，而且据我们所知，动物在动物园里，可能比在真实的野外过得更好。

本书并不旨在详细讨论 20 世纪动物园的历史，该历史十分复杂，并且十分曲折。例如，现代艺术和建筑的发展有时也会对动物展览发展起到极其重要的作用。跟哈根贝克展览彻底的再现主义不同的是，伦敦动物园的一些项目，包括 1934 年受鲍豪斯 / 国际主义启发而建立的企鹅池，1932 年至 1933 年建的大猩猩之家，似乎都将动物展览引向了斯坦利·库布里克（Stanley Kubrick）空间站的方向，而不是野外生活的再现。伦敦动物园 1965 年建立的大象和犀牛馆似乎要创建一种自然理念或抽象概念，并不像人们在自然中能看见的任何事物。人们站在一堵矮墙前，隔着齐胸高的栅栏，眺望着小壕沟里面的位于中央的动物馆——一座壮观的、粗糙的大地色混凝土建筑，被称为“兽形野性主义”，“完美呈现了其中的动物”。[12] 在建筑顶部，巨大的覆铜装置为建筑内部采集着光线。与 19 世纪的天窗能够照亮内部公共空间不同，在这座抽象的建筑里，光线只照在围场内的动物身上，公众则站在暗处，人们在非人类世界中安静地走动。在这个场景中，既没有人类的社交活动，也没有19世纪动物园的宠物饲养活动。这是为野生动物打造的一个抽象家园，人类只有在受限的条件下才能进来。

在哈根贝克的动物园开园以来的将近100年的时间里，动物园尝试过多次展出实验——例如20世纪50年代浴室风格的灵长类动物馆，以及垂直动物园构想——但20世纪结束时，又回到了哈根贝克开始的地方：最新的沉浸式动物展览回归了哈根贝克为动物重建自然环境的理念。[13] 薇琪·柯罗珂（Vicki Croke）总结了这些展览想要达成的目标："在圣迭戈动物园，游客会发现自己孤身一人走在陡峭、阴凉的通往虎跳峡展览的路上。道路两旁的植被苍翠茂密，游客沉浸于展览之中，仿佛被带到了亚洲丛林。但是这座丛林里住的是老虎。当你在拐弯处听到一声低沉的咆哮声时，会忍不住逃跑。"[14]1907年哈根贝克的动物园开园时，人们就是用这种语言描述的。

诚然，每一次科技进步，都会使沉浸式展览变得越来越精美、壮观。更完美的新型沉浸式展览为动物创建了更好的"自然"：食物充足，也更加有趣；寄生虫得到了有效控制；有全套现代医疗技术对抗疾病；有先进的计算机系统全面管控气候；人类游客被展览包围，他们知道自己不应该打扰动物；游客通过伪装的扬声器听到的声音比在森林、海岸、绝壁附近听到的更饱满、清晰。这些展览似乎让人们觉得，展馆是动物绝佳的栖身场所。

但重要的是，我们要提醒自己，从哈根贝克开始创新所谓的沉浸式展览起，就明确了这类展览是为了取悦大众，而不是动物。人们来到哈根贝克的动物园，看见动物自由自在地生活，于是欣喜若狂。哈根贝克建造动物园不是为了将动物放归自然环境。我们可以从照片（图 39）中清晰地看到，沉浸式展览从来不是为了让人们真正相信他们走进了自然场景中。参观布朗克斯动物园“刚果大猩猩森林”的游客们知道，他们并没有被奇迹般地运送到非洲西海岸。哈根贝克的目标不单单是为了精确模仿，他的目标——包括沉浸式展览的所有设计师的目标——都是为了说服人们暂停怀疑，接受眼前所见的人造的但可信的场景。无论过去还是现在，沉浸式展览的目标都是创建令人信服的逼真事物。但是展览要可信，就有必要超越自然。动物园将大自然压缩在小空间里，使真实的自然相形见绌。动物园的性质表明，每个场景中都必须有动物，观众只需要仔细观察、努力寻找即可。但是，这对动物有好处吗？或者更宽泛地讲，耗费在亚特兰大某只特定的大猩猩或一对年幼大熊猫身上的精力，能提升它们种族生存的概率吗？

这个问题看似简单，回答起来并不容易，可以想想 1993 年的电影《人鱼童话》（*Free Willy*）中的主角虎鲸凯科。凯科在观众心中引起了广泛的感伤情绪，于是人们筹得数百万美元将这头虎鲸放回大海。凯科是一流的动物明星，当它在俄勒冈海岸水族馆康复时，它的照片被人们成千上万次地下载观看。人们似乎可以合理地认为，凯科的故事的确让一些人更加深刻地认识到了动物园和水族馆里的大型海洋哺乳动物的艰难生活。但同样清楚的是，商业水族馆不仅经受住了针对凯科生活的批判，而且还更加渴望拥有鲸鱼和其他美丽非凡的生物，因为人们想要“看凯科”。

动物园之所以存在，是因为人们认为动物园是有趣、令人放松、有教育意义的地方。动物园出现了越来越多的逼真展览，不是因为这类展览能减少动物身上的刻板行为，或者能让动物们愉快地跟真实的土壤和植物接触。动物园之所以存在，是因为人们开始厌恶看见动物被关进栅栏后面狭小的玻璃房里，人们喜欢生活在自然当中的动物。但正如哈根贝克的故事所表明的那样，新型沉浸式展览并不“自然”，它们甚至不是自然的复制品。它们只是大自然摄影画面的强化幻想，在每个角落，摄像机似乎都时刻准备好了抓拍最不可思议的镜头，而且光线也完美得让人难以置信。

在回顾哈根贝克家族的历史时——动物贸易、人物展览、受训动物表演、动物园——历史学家首先应该尝试理解行为背后的动机。动机都不简单。卡尔·哈根贝克似乎很快就能给人留下两个最基本的印象：他是个动物贸易商，他热爱动物。这两种观点都只揭露了部分真相，都不足以充分解释卡尔·哈根贝克及其公司的复杂利益活动。自从 19 世纪末，哈根贝克和他的追随者就已经选择将其形象塑造为动物和人类的朋友。在一个通过组织抓捕、购买和销售成千上万个动物和人的生意中获取大笔财富的人身上，他们创造了一个故事。这个人是生物的终极朋友，他的终身目标是向来到他的避难所的人传播欣赏与理解。

公司每个部门的设立都是为了盈利。如果没有受到欢迎且实现盈利，未能成为暴跌的动物生意的替代品，卡尔·哈根贝克就不会继续组织人物展览，尤其是在火地岛和拉布拉多的表演团出现灾难性死亡事件之后。卡尔·哈根贝克之所以能成为全球一流的动物贸易商，并不单纯是因为他热爱动物，而是出于以下原因：他非凡的商业意识，加速扩张的动物市场，他所处的国际贸易中心的地理位置，他在动物园和马戏团领域精心打造的人脉，他绕开传统的动物输送途径发展自己的捕手，他的刻苦努力。

面对卡尔·哈根贝克公司的故事，我们不禁要问一些严肃问题。哈根贝克档案里的照片中出现了加拉帕戈斯群岛的巨型乌龟，在一张照片里，这些乌龟被堆放在小船储存区；在另一张照片里，在哈根贝克的动物园别墅前，衣着光鲜的孩子骑在乌龟背上。虽然仅仅通过这些照片就断定哈根贝克是个残忍的动物生命剥夺者，其财富是以遍布全球的动物尸体为代价失之偏颇，但是，断定哈根贝克是现代诺亚，他的动物园能令全世界的动物永远安全也是有问题的。我们可以说的是，在他那个年代，很少有人会严厉批评哈根贝克追求企业愿景的行为。在生命的最后，哈根贝克根本不是反面人物，实际上，他成了英雄。例如，当时政府求助他采购 2000 头单峰骆驼——配有鞍具和饲养人员——交付给德国军队，用于去德属西南非洲平息赫雷罗人的反抗。[15]

追随者出于喜爱、崇拜和忠诚，把哈根贝克包装成另外一个人，只有我们愿意思考关于哈根贝克的其他看法，才能理解他留下的遗产的意义。金特·尼迈耶写道，1957 年，有人表示要举办一场周年庆典人物展览。在汉堡印度领事馆的配合下，计划如期推进，请来了一群“驱魔师、托钵僧、耍蛇者和各种魔术师”。据尼迈耶表示：“印度人将会按照合同每天表演，持续 5 个月，然后免费飞回家。”[16] 最终，印度驻波恩大使馆拒绝了这个计划。在解释原因时，尼迈耶写道：“似乎一些负责人仍然被某些宣传故事所困扰——哈根贝克为了钱财，在动物园里展示来自异国他乡的原住民，他就像是个奴隶贩子。”[17] 在最后一场聚焦南太平洋的展览收场将近 26 年后，哈根贝克人物展览的宣传对公司拟发起的新展览仍然产生了不利影响。但考虑到展览的历史和更近的“二战”和大屠杀历史，就知道宣传之外肯定还有重要原因。

“鱼来自哪里？”思考这样一个关于水族馆中鱼类来源的简单问题，有助于人们正确看待哈根贝克的动物生意。如今，人们似乎可以相当轻松地谴责哈根贝克这样的人物。但是如果我们稍加观察就会看出，自从哈根贝克时代以来，大多数动物和人物展览都没有发生多大改变。如果说人物展览似乎不再流行，那么我们不难发现，它们其实持续存在于我们的文化中，不仅出现在各类地理杂志或者自然节目视频中，还出现在日常的脱口秀中，有各种人类怪事供人们消遣。的确，动物园里的某些动物很少能在野外抓到了，一些斑马、鹿、羚羊和狮子都是在动物园里繁殖的。动物园甚至不时地需要找到外部买家购买多余的动物。同时，有关抓捕、销售和运输动物的国际法规也迫使动物园在饲养动物时更具创造力，如很流行的动物园合作饲养濒危动物的“物种幸存计划”。这些计划为动物园带来了双重好处：获取了更多的珍稀动物；大量媒体会报道动物园致力于保护物种多样性的努力。尽管一些动物园采取的某些行动引起了争议，但是很多动物园和水族馆对保存和保护全球自然资源作出了巨大贡献，同时还尝试努力教育大众了解动物饲养和保护的复杂问题。例如，动物园在保护加利福尼亚秃鹰和黑足鼬等物种免遭灭绝方面起到的重要作用表明，动物园可以在动物保护方面发挥重要作用。

然而，纠缠不休的问题仍然会出现。例如，“鱼来自哪里？”巴尔的摩的国家水族馆、加利福尼亚北部的蒙特雷湾水族馆和波士顿的新英格兰水族馆都在思考水族馆如何教育大众、促进科学、开展保存和保护项目、提供必要的娱乐。但直到最近，我们才听到一系列关于其他问题的讨论，包括这些海洋鱼类最初是怎样进入水族馆的？它们来自哪里？谁抓的它们？抓捕过程中死了多少？抓捕鱼类使用的方法对环境有害吗？各种鱼类在水族馆里生活多久才需要获取新鱼类？[18]在铺天盖地的关于水族馆对世界作出的美好贡献的新闻中，特别是在拯救海洋哺乳动物的努力中，这些问题即使没有被小心翼翼地掩盖，也被遗漏了。

我列出这些对现代水族馆的发问，是为了给那些轻易否定卡尔·哈根贝克——认为他关心金钱多于关心动物和人——的人提出建议，他们应该停下来想想自己与动物之间的互动，包括观看电视上的《动物星球》和《狐猴祖布》。我在研究哈根贝克多年之后，确信他虽然在面对人物展览成员时偶尔会感到不自在，但他的确爱跟动物待在一起。我会怀疑狮子泰瑞丝对他有着很深的感情，甚至为了他不惜跟自己的同胞发生恶战吗？我不怀疑。若是泰瑞丝或他的任何动物面临险境，我也不怀疑他会挺身而出。当哈根贝克的公司在 1998 年举行成立 150 周年庆典时——通过发行特定邮票、举行特展和出版官方传记来庆祝——我们似乎很乐意继续以极其乐观的态度看待卡尔·哈根贝克和他的公司。的确，公司和卡尔·哈根贝克的后代如今可以自豪地回顾历史。卡尔·哈根贝克的公司从其父亲的副业起步，逐渐壮大成为令全球瞩目的公司。他结识了同时代德国和全世界的一流科学家和政治人物。他与威廉·坦普尔·霍纳迪和沃尔特·冯·罗斯柴尔德男爵往来，就跟招待 P.T. 巴纳姆、托马斯·阿尔瓦·爱迪生一样自在。当我们回看 65 岁的哈根贝克与造访动物园的德国皇帝威廉二世走在一起的照片，仔细观察哈根贝克坚定的步伐和自然的动作，想想半个多世纪以前他的公司刚刚起步时的样子，我们肯定会相当感慨。说到这里，我们也该回顾一下那些被活着带回哈根贝克时代的动物和人的生活了。本书就试图讲述了他们的一些故事。

致 谢

我要特别感谢汉堡/沃尔克斯多夫的 Friedrich Andrae 和 Irmgard Andrae，他们雪中送炭，为我提供了一所温馨的房子。感谢我的论文导师 Donald Fleming，我们亦师亦友，他从本书写作最开始就一直在指导我。没有他们的鼓励和支持，我甚至不会收集资料开始写作本书。我还要感谢犹他大学的 Robert Allen Goldberg 引领我成为一名历史学家，感谢威斯康星大学密尔沃基分校二十世纪研究中心前主任 Kathleen Woodward、中心常务主任 Carol Tennessen 为我提供了良好的写作环境。

在漫长的写作过程中，我还得到了一些人的建议和支持，在此谨表谢忱，他们是：哈佛大学的 Rory Browne, Charles Maier 和 David Blackbourn，哥伦比亚大学的 Simon Schama，密尔沃基县动物园的 Elizabeth Frank，德国汉堡的 Herman Reichenbach，国际野生生物保护学会/布朗克斯动物园的 Steve Johnson，作家之家公司的 Michele Rubin，萨里罗汉普顿大学的 Garry Marvin，马萨诸塞州贝尔蒙的 Thomas Dunlap，康涅狄格州绍斯伯里的 Grace Buonocore，普林斯顿大学的 Andrew Isenberg 和 William Chester

Jordan，莱茵河畔林茨的 Werner Kourist，纽约市的 Tyler Horsley，伦敦的 John Edwards，马奎特大学的 Anthony Peressini，艾奥瓦大学的 Theresa Mangum，银河山庄路的 Lydia Spitzer，马戏团历史协会的 Richard Reynolds 和小 Fred Pfening，马戏团世界博物馆的 Fred Dahlinger 和出色的工作人员，威斯康星大学密尔沃基分校的 Carla Bagnoli, Jason Brame, Marcus Bullock, Michael Dintenfass, Lane Hall, Patrice Petro, Glen Powell, Ronald Ross, Patti Sander, Sylvia Schafer 和 Edward Wesp。

我同时还想特别感谢 Christoph Schulz 和 Elisabeth Schulz 的后代，包括 Ursula Schulz，Jurgen Schulz 和 Jana Schulz 慷慨提供的建议和帮助。最后，在资料收集阶段，我尤其要感谢德意志学术交流中心，哈佛大学明德贡兹堡欧洲研究中心，普林斯顿大学谢尔比·卡洛姆·戴维斯历史研究中心，哈根贝克动物园的 Claus Hagenbeck 博士，Caroline Hagenbeck，Joachim Friedrich Weinlig-Hagenbeck 和威斯康星大学密尔沃基分校二十世纪研究中心。

我想把这本书献给我的父母 John Rothfels 和 Kathy Rothfels，他们一直帮助我探索自己的方向。这本书得以完成，还离不开我爱人 Heather Hathaway 的全力支持。

注释及参考文献，
请扫码查阅

图书在版编目（CIP）数据

野人与野兽：现代动物园的诞生 /（美）奈杰尔·罗斯福斯著；向帮友译. — 北京：中国工人出版社，2024.5
书名原文：Savages and Beasts: The Birth of the Modern Zoo
ISBN 978-7-5008-8117-9

Ⅰ.①野… Ⅱ.①奈… ②向… Ⅲ.①动物—驯养—关系—社会生活—历史—英国 Ⅳ.①K561.0

中国国家版本馆CIP数据核字（2024）第097865号

著作权合同登记号：图字01-2022-2022

野人与野兽：现代动物园的诞生

出版人	董　宽
责任编辑	陈晓辰
责任校对	张　彦
责任印制	黄　丽
出版发行	中国工人出版社
地　址	北京市东城区鼓楼外大街45号　邮编：100120
网　址	http://www.wp-china.com
电　话	（010）62005043（总编室）　（010）62005039（印制管理中心） （010）62001780（万川文化出版中心）
发行热线	（010）82029051　62383056
经　销	各地书店
印　刷	天津中印联印务有限公司
开　本	880毫米×1230毫米　1/32
印　张	9
字　数	200千字
版　次	2024年10月第1版　2024年10月第1次印刷
定　价	68.00元